立て直す力

上田紀行
文化人類学者

666
中公新書ラクレ

はじめに

失敗を語れない雰囲気

満員電車を前にして、時折立ち尽くしてしまうことはないでしょうか。

通勤時間帯で、しかも人身事故でダイヤが乱れて、いつもより混雑しているときがあります。

人が引きちぎられるようにして降りてきて、人があたかもモノのような形で押し込まれていくさまを見ていると、立ち尽くしてしまうのです。残された隙間に突進していく力が湧いてこない。

それはおそらく、社会状況が変わってしまったからだと思うのです。昭和の頃は、ギューギュー詰めになった車内にからだを預けて、ともかく乗ってしまえば、からだはキツいかもしれないけれど、終着駅にはそれなりの幸せが待っていると思えた。経済は右肩上がりだったし、終身雇用制度が維持されている会社も多かった。給与のベースアップも多少なりともあった。少なくとも、昭和から平成の最初の頃までは、漠然とした安心感があったわけです。多くの人がそういう感覚だったので、一体感のようなものがあったような気もします。「経済神話」「企業信仰」というものに守られている心強さもありました。

しかしバブル経済が崩壊し、リーマンショックという大波を受ける中で時代状況は変わりました。多くの企業に導入された成果主義は一層研ぎ澄まされ、ハードルの高いノルマがのしかかり、達成できないと厳しい上司から説教されたり、ネジを巻かれる。目標未達の月が続くと、いつ肩をたたかれるかと、針のむしろの状態が続くことになる。

生きづらい社会になっていったのです。

ただ、こうした状況は、ある意味わかりやすいかもしれません。ぼくの教え子の1人から聞かされた話は薄ら寒いものでした。

その企業、以前であれば、たとえ営業先の社長に書類の準備が悪いと叱られたとしても、それを会社に帰って、「ヤベー！」などと正直に同僚に打ち明けられる雰囲気があったというのです。そんなときであっても同僚の1人が、「俺も週末、ヒマしているから、出社して手伝ってやるよ」などと優しい言葉をかけてくれて、2人で土曜、日曜日を潰して、書類を整える。その書類を持って、月曜日にクライアントに再度手渡したところ、「さすがだな。君のところと契約するよ」と褒《ほ》められた……。そうした話は、かつてはいくらでもあったそうです。

ところが最近はかなり違ってきたというのです。

まず「ヤベー」などと失敗した話をする社員がいなくなってしまった。口にするのは、「1億円の契約をとってきました」という手柄話や、「クライアントの社長に気に入られちゃってさ」といった自慢話ばかり。悪い話ではないので、職場はとても明るくなったそうです。しかし、そんな会社の雰囲気を語る彼の表情はあまり明るくありません。吐き気を催すようになったとも言っていました。なぜかといえば、失敗をしたときに、それを口にできなくなった。もっといえば、失敗が許されない空気が職場を支配するようになったからです。

表面的な空気が明るければ明るいほど、その背後にある闇が一層その深さを増していった。みんな笑っているけど、誰もが失敗を恐れ、真実を語れなくなり、のっぺらぼうで、不気味な空間になってしまった。だから彼は居場所がない、こんな場所にいたら自分は壊れてしまうのではないかという不安にかられるようになったと。

同調圧力、忖度、偽装

しばらくして、日本を代表する企業で、相次いで改竄《かいざん》、偽装が発覚しました。電機メーカーの不適切会計、偽装やデータ改竄に関しては、建設会社、自動車メーカー、建物の免震装置製造会社、鉄鋼会社……。

なぜそんなことが起きるのかと疑問に思っていたとき、さきほどの教え子が言っていた話が甦《よみがえ》りました。失敗を語れない会社の雰囲気だったら、改竄などをしてしまうかもしれないなと。成果主義が極まっていけば、社員はそうせざるを得ない状況に追い込まれていくのではないかと。

そんな職場の空気が、いいわけがありません。放置すると、不正に手を染めてしまう人が現われるかもしれないし、心を病んでしまう人もでてくるかもしれない。

程度の差こそあれ、いま私たちはこんな社会に生きています。もがいているうちに何とかなるかも知れないし、失敗してしまうこともあるでしょう。挫折も一度や二度ではないかもしれません。

そんなとき重要になってくるのが〝レジリエンス（resilience）〟、いわば「立て直す力」です。しかし、いまの日本人には、したたかに立て直していく力がきわめて乏しくなっているのです。

それはなぜなのでしょう。

ぼくは、日本人が、同調圧力や忖度《そんたく》といった「集団意識」にしがみついているからだと思います。

集団への帰属意識を大切にする日本人は、帰属する集団が好調なときは、元気だし自信満々です。しかし集団の活力が落ちたり、集団の外に放り出されてしまうと、途端に元気をなくしてしまいます。

経済神話が終わりを告げ、終身雇用が崩れてリストラの嵐が吹き荒れると、元気がしぼんでいきました。日本人の多くはまだかつての「集団意識」にしがみついたままなのです。

同調圧力、忖度……といったものから脱却することが、これからの日本人の元気と幸せには必須なのです。

不自由を解き放つ

そんなとき重要になってくるのが、人間とは何か、自分はどういう人間かをみつめる力、あるいは社会的な問題を発見し、解決策を考えるなど、自由に発想する力です。

古代ギリシアには自由市民と奴隷がいました。自由市民とはソクラテスやプラトンやアリストテレスのような人たち。人間にとって、世界にとって善きこととは何かを根本から議論し、探究する人たちであり、国家をどのような方向に導くかを決める人たちです。一方で、奴隷とは自由市民の指示で動く人たちでした。そして「リベラルアーツ」とは自由市民が持つべき素養であり、奴隷と自由市民を分かつものだったのです。リベラルアーツとはリベラル＋アーツ。「人間を自由にする技」です。

当時は、自由七科という、自由になる学びがありました。算術、幾何学、天文学、音楽学といった数学。当時の音楽は数学のようなものだとみなされていました。あとは修辞学、文法、論理学。もちろん現在のリベラルアーツは古代の自由七科とは異なっています。しかし「人間を自由にする技」こそが、リベラルアーツの本質であることは変わりません。

アップル社の創業者、スティーブ・ジョブズは、「われわれはテクノロジーとリベラルアーツの交差点にいる」と言いました。ｉＰｈｏｎｅなど、これまでになかった製品を自由に開発してきたジョブズの原点は、そんなところにあるのかもしれません。

人を自由にするリベラルアーツの要素として、現代でもう一つ忘れてはならないのが「宗教」です。有名な話ですが、ジョブズは、禅を実践していました。宗教とは、人間とは何か、生きるとは何かをとことんまで追求した哲学でもあり、人間が何によって支えられているのかを明らかにする、人間の存在論でもあります。

にもかかわらず、戦後の日本人は、「経済神話」「企業信仰」と引き替えに宗教を手放してしまいました。自分を守ってくれると信じていた終身雇用や手厚い福利厚生のほうが、〝御利益〟があると信じ切ったからです。しかし長い不況のあいだに、会社は成果主義を強化し、殺伐とした雰囲気になりました。いま、自信や希望を見失う中であらためて、宗教の価値に気づき始めたのではないかと思うのです。

本書では、生きづらくなった社会で、人生を立て直す力として、宗教をどう取り込んでいけばいいかを考えていきたいと思います。

何かの宗派に入信しなければ、宗教を信じることにならないというわけではありません。宗教の本質さえわかれば、日常生活のなかに取り込み、活かすことができるのです。

宗教のもつ本来の力、人を一歩前に進める力、人を元気づける力を、ダライ・ラマ14

世、禅を世界に広めた偉大なる仏教思想家、鈴木大拙《だいせつ》などの言葉も交えながら、ご紹介できたらと考えています。

この本は、「自分には価値がない」「何をしていいのかわからない」「人生をもう一度やり直したい」と悩んでいる人に届けたい。あなたの力を世の中に役立てるための方法を書いていきたいと思っています。

目次

本文ＤＴＰ／今井明子

立て直す力

第一章　生きづらい社会

単一化された危ない社会

ぼくが籍をおく東京工業大学では4年前から大きな教育改革を進めています。それは改革前十数年の間に大きく変化した学生たちの気質に危機感を感じたことがひとつのきっかけになっています。

たとえば、学生にレポート課題を出すと、学生の反応が明らかに変わってきました。一昔前であれば、レポートについた点数を見て、「ウワァ！　いい点数がついた」というような感激の声をあげたり、「あれ？　あんなに一生懸命書いたのに、こんな点数なの？　何が良くなかったんだろう」と落胆したり、というパターンがほとんどでした。文字通り一喜一憂です。

ところが、十数年前くらいから、学生のうち2、3人はこう質問しに来ます。

「先生、レポートの評価軸はどこでしょうか？」

つまり出題者のぼくが何を書かせたいか、その意図と評価基準を聞きたがるのです。さすが厳しい受験競争を勝ち抜いてきた学生たちです。もっといえば受験システムに過剰適応してきた結果の反応とも言えます。そしてひとたび評価軸を明らかにしてしまえば、ほとんどの学生はそこを狙って同じようなレポートを出してきます。レポートを書くということが自分自身が学び、成長していくものというよりも、徹底的に「評価される」ものを書くという、成績を取るための道具になってしまっているのです。

過剰適応といえば、ある有名小学校での入試の話を思い出します。その小学校は、入学するための塾が複数あるというぐらい人気の小学校なので、学校側も受験の弊害が子どもに及ぶことに心を痛めていたようです。その対策として考え出されたのが、入試問題をユニークな実技にするというものでした。

与えられた課題は、「いまここでゾウさんになってごらん」とか「サルになってごらん」。結果、入学してきた子どもたちは活気があったことから、学校側は受験方法の変更は成功だったと満足していました。

しかし問題は次の年に起きました。どの子も、あまりにも〝うまく〟ゾウやサルの実技を披露したというのです。役者顔負けというレベルに仕上げてきた子もいたそうです。子どもたちは1年間、進学塾で先生の指導の下、懸命にゾウやサルの動作について訓練をさせられていたというのです。

ここまでくると滑稽でもあり、悲しい気分にもなります。なんでこんな悲惨なお稽古をしなければいけないのか。真似を強要し、子どもの内側から湧き上がってくるイキイキとした力を抑圧する——いまの教育を象徴するようでした。

評価軸を考えてレポートを書く、受験で受かるための訓練をやり抜く、とにかくそれに合わせてチューニングして振る舞う。自分の考えはさておき、目的を達成するために、〝奴隷化〟していると言わざるを得ません。

独裁国家では、1人の独裁者がこうしなければいけないということを言えば、自分の意思とは違っていたとしても、国民はそれに従います。

しかし、大学やお受験の現場で起こっている現象というのは、独裁者さえいないのに、「きみはこうやったら評価されるよ」とか、「こうしたら面接官から高い評価をもらえて合格できるよ」といった価値基準に自ら合わせに行っている。ある種、独裁国家よりも恐ろしい状態になってきているわけです。

なぜこんなことになってしまったのかといえば、「目的のために単一化を極める」という風潮が社会の中で深まったからです。

たとえば会社は本来、多様な社会的役割を担っています。しかし最近は、「金儲け」「業績を上げる」といった単一な役割に絞る傾向が強まってきたような気がします。

農業では、一時期エコロジー的発想から、多様性が強調されました。つまり、「単一栽培では病虫害にかかると、一気に作物が全滅してしまうから、いろいろな種類の作物を混栽する。そうすれば、一つの作物がだめになっても、他の作物には病虫害はおよばないので、被害を最小限に抑えられる」と。

モノカルチャーはよくない、という説得力のある話なのですが、その後、まったく違う発想が喧伝《けんでん》されるようになりました。

「農業はモノカルチャーを進めていかないと収量が上がらない」というのです。その方向性を打ち出したのは、モンサント（２０１８年６月にドイツ製薬大手バイエルが買収）という海外の農薬会社。モンサントの開発した除草剤に耐性を持つ遺伝子組み換え作物を開発します。そうすると他の植物は除草剤で枯れてしまいますが、その商品作物だけが枯れないので、雑草の管理が飛躍的に楽になります。そうやって遺伝子組み換え作物と除草剤をペアで売り、モンサントが用意したセットで栽培すれば高収益が見込めるというわけです。

自然の摂理に背を向ける形で農業をしようとすると、遺伝子にまで手を加えて、単一作物を単一栽培するというところに行き着くわけです。そうした思考が増殖していくと、将来、子どももちょっとくらい遺伝子を変えて、「偏差値の高い子どもにしてもいいいんじゃない？」とか、「手間かからない子どもにするために遺伝子に手を加えてもいいいんじゃない？」といった発想が出てきても不思議ではありません。

〝奴隷〟とデータ至上主義エリート

昨年、話題を呼んだ『ホモ・デウス』で描かれた世界を彷彿《ほうふつ》とさせます。著者のユヴァル・ノア・ハラリは、世界で８００万部を超えるベストセラー『サピエンス全史』を著したイスラエル人歴史学者です。彼は『ホモ・デウス』の中で、テクノロジーと人類社会の未来予測を書きました。

ポイントを紹介すると、次のような内容です。

飢饉や疫病、戦争という人類三大苦を克服した人類が、今後向かうのは、「不死」と「幸福」を求める道である、というのです。それらをかつて提供していた神になりかわり、「ホモ・デウス」、いわば〝神たる人〟を目指すことを意味します。しかし世界を計算処理できるシステムで支配することに乗り出した人間は、そのことにより逆にコンピュータや人工知能（ＡＩ）に負けてしまい、人間の心も計算処理システムとして解体され、人間至上主義はデータ至上主義に取って代わられます。

その結果、人間はＡＩやデータ処理といったシステムに従属する存在へと落ちていく。そして一握りのデータ至上主義エリートと、その転換についていけない大多数の人間との格差は限りなく拡大していきます。

文化人類学者という「学者」の立場から読むと、この本は実にエキサイティングです。

ぼく自身、人類のプログラミングにはそもそも欠陥があるのではないかという疑念を持つことも多いのですが、まさに人類を世界の王たらしめてきた能力によって、人類は一転して支配される存在へと貶《おとし》められていくというのです。

しかしその結末は今を生きる「人間」として読むと、実に嫌な印象を残します。著者は第2章で、人間の動物支配の歴史を詳述し、雌ブタたちが一頭一頭身動きできないケージに押し込まれ、人工授精、妊娠、出産を繰り返して子ブタを生産させられ、役目を終えると食肉処理されることが描かれます。その残酷さの描かれ方は異常なほど執拗で、何でこんなに熱意を込めて記述するのかがそのときは分からないのですが、最終章まで読むとそのからくりが分かってきます。ハラリはそうやって人間が動物におこなっているひどい仕打ちが、今度はＡＩとデータ処理システムによって、人間におこなわれるようになるだろうというのです。つまり、大多数の人間は将来、あの雌ブタのようにＡＩと、それと一体化したひとにぎりのエリート達に支配されるだろう、というわけです。

これからの世界を生きていく子どもの親としては、到底受け入れたくない未来社会です。しかし今の世の中で、ある目的のために単一化を極めていくと、そこまではないだろうと高を括《くく》っていることが現実に起きてしまいかねません。
そんな不安が私たちに迫りつつあるのです。

ノイズのない社会

ぼく自身が単一化の怖さを実感したのは、1997年に神戸市で起きた連続児童殺傷事件です。「酒鬼薔薇」を名乗る中学2年生が、小学生2人を殺し、3人に重軽傷を負わせました。彼が新聞社に送った犯行声明、「私は透明な存在である」が記憶に残っている人もいると思います。

当時、ぼくはこの事件がどんな街で起きたのだろうと、彼が住んでいたニュータウンに行きました。山を切り拓いてつくった街ということもあり、区画整理がきちんとされていて、同じような住宅が果てしなく並んでいました。住宅エリア、学校エリア、商業エリア、公園などと、機能的に街が区分されていました。

きわめて効率的なつくりで、目的がわからない無駄な空間は見当たりませんでした。

気になったのは、一般商店がほとんどなかったことです。その代わり大きなスーパーがあって、そこに行けば何でも買えるようになっていました。確かにスーパーは便利だけれども、日常の何気ない会話が果たして生まれてくるのだろうかと感じました。

たとえば、古くからある商店街であれば、何代もそこに店をかまえる人たちがいます。そこではいろいろな会話が交わされます。たとえば豆腐屋さんだったら、久しぶりにお使いで買いに来た高校生の女の子に、「この前、あなたの同級生が豆腐を買いにきたんだよ。みんな大きくなったわね」とか、「この前おたくの旦那が、私たちが仕事を始めた早朝にヘロッヘロに酔っ払って店の前を通り過ぎたけど、大丈夫だった？」とか、なにげない話が交わされるかもしれません。

目的は豆腐を買うために店に足を運んでいるのですが、こういう路面店で交わされる常連客との会話の大抵半分以上は無駄話、世間話です。でも、それが不快ではなく、息抜きになったりして、みな笑顔で帰っていきます。

しかし、神戸のその新興住宅地では、そうした無駄な場所、無駄な話をしているような風景をほとんど目にしませんでした。いわば「ノイズ」の無さを実感したのです。あのニュータウンを歩きながら、何もないところから街を作れと言われると、人間というのはこれほどノイズのない街をつくってしまうものか、と愕然としたのをいまも覚えています。

これだけ無駄を排除した街で、酒鬼薔薇はいったいどうやって少年の首を切って殺してしまったのか。その場所は、区画開発され尽くしたニュータウンの中で、唯一開発されていない山中の〝未開の地〟だったのです。

単一機能の空間、ノイズのない社会がいかに人間にとって生きづらいかを、つくづく実感しました。

ノイズで思い出すのは、劇作家平田オリザさんの言葉です。彼は、ロボットと一緒に演劇をつくったときにこう感じたそうです。

「（ロボットに）人間の持つ逡巡《しゅんじゅん》、ノイズを入れるのが難しい」

ロボットは効率的に動くけれども、それだけでは人間らしくない。生産的な行為だけではない。目の動き、表情、手のちょっとした動きなどに、その瞬間瞬間の〝感情〟が表現される。そうしたノイズこそが人間らしさだということなのでしょう。

神戸の事件から4半世紀が経とうとしていますが、あの年に起きたニュータウンの風景、ノイズのない空間はそれからの時代でますます拡大していったように思います。

いつの時代もこぼれ落ちる人はいる

こうした社会になった原点をたどると、政治経済的には新自由主義経済の導入にたどりつきます。1980年代の中曽根康弘政権のときに当時の国鉄が民営化されましたが、色合いが鮮明になったのは小泉純一郎政権になって以降です。郵政民営化がおこなわれるなど、より新自由主義的な政策が進展しました。ただ民営化というのは新自由主義のほんの一面でしかありません。新自由主義を一言でいえば、金儲けは「自由」にできるということ、国家による規制が緩和された中で、個人や法人がいかようにも業績を上げることができるという政策です。

では、新自由主義によって人は幸せになったでしょうか。民営化で成功したものも多くあり、たしかに自由に利潤の追求ができるようにはなりました。ある人にとっては利潤も上がって、会社の評価も上がったでしょう。

しかし、人には運に見放されたように絶不調のときもあります。運悪く、からだを壊してしまった人もいるでしょう。自由な競争の中では、十分に成果をだせない人は一定数いるものなのです。新自由主義はそういう人たちに不寛容です。たとえば、ノルマ達成がならなかった人は、上司から「行って（辞めて）良し」「オレの視界から消えてくれ」と言われてしまう。

そういう人に対して寛容な社会であれば、まだ精神的に何とか持ちこたえられるのですが、飲みながら愚痴をこぼせた日常は、古き良き時代の趣きさえあります。

お能をみると、妖怪になって夜な夜な旅人を襲うような化け物がでてきます。ところがその化け物たちはみんな不幸な境遇で傷ついた人間の変化なのです。そしてそのこころの内を旅の僧が聞いてやると、妖怪は天上に昇っていきます。誰でも突然不幸な境遇となることがあり、傷ついて妖怪となってしまう。そういうものがこころなのであって、常にピンピンしているものではありません。

時代が変わったとしても、人間のこころが強靭になるわけではありません。傷つきやすい、フラジャイルなものです。

高度経済成長の時代、経済神話、企業信仰があった時代、身分は企業という〝御本尊〟に守られていたので、会社に依存していればさほど問題はありませんでした。「安心」や「信頼」は、ある意味タダのようなもの、空気のようなものだと思い込んでいました。気がつかないうちに、競争からこぼれ落ちた人へのセーフティネットを、あの時代に捨て去ってしまったのです。

そのセーフティネットの一つが宗教なのです。

傍らにあった宗教

そのことを痛感したエピソードを紹介したいと思います。

大学院でぼくが教えた女性が、タイに住む大学講師の男性と結婚するというので、結婚式に出席したときのことです。

新婦は、タイ仏教の研究者で、上座部仏教の研究をしていました。彼女自身が慈悲に溢れた仏教者で、ホスピスで傾聴ボランティアをしていたりと、たいへん心優しい女性でした。彼女はタイで大学の講師となり、そこで新郎と知り合ったわけですが、彼は幼少時から僧侶となり、還俗して大学の講師になった人で、彼もまた優しさに溢れた素晴らしい男性でした。

結婚式で、新郎の父親が印象深いスピーチをしました。

「こんなに徳の高い女性と結婚できたうちの息子は、ほんとうに幸せ者だ。彼女はタイまでやってきて仏教の研究をしていて、瞑想をしていたりする。何て徳の高いお嫁さんなんだろう」

ぼくは、「徳の高い女性と結婚できて幸せ」という言葉を生まれて初めて聞きました。

日本人ならば、さしずめ、

「こんな可愛らしいお嫁さんが来てくれて喜ばしい」

などと挨拶する程度です。

ぼくはそのとき、「タイの人は強いな」と心底思いました。タイも日本と同じ資本主義国です。収入が得られなくなって生活をしていけなくなれば、暴動も起きる。日本と同じように、人びとは経済人としての人生も生きていますが、タイの人は〝もう一本の線〟をもっているのです。その線とは、仏教の中で徳を積み、在家であれば来世によき輪廻を求めながら、人間的な成長を人生において求めていくという生き方です。

いわば複線的な生き方ならば、たとえ不況になって失業したとしても、もう一本の線が残っている。もちろん宗教で食べていくということではありませんが、立て直しにつなげていけるこころ、支えられている感覚が生き残っているのです。それがあれば不況になろうが失業しようが、人生のレジリエンスにつなげていけるわけです。

こういう話はタイだからではないか、新婦が結ばれた男性の家は、とりわけ宗教との結びつきが強かったのではないか、と思うかも知れません。しかし、日本も時代を少しさかのぼれば、タイのような、複線の国だったのです。

以前、哲学者の山折哲雄さんと対談したとき、彼も昭和20年頃までは日本も複線構造、山折さん流にいえば、「和魂洋才」という「二重構造」をもっていたと力説されました。

和魂が生活の基盤を成していたにもかかわらず、日本はさっさと仏教文明であることをやめた。いつやめたかといえば、明治維新のとき。

（『次世代に伝えたい日本人のこころ』）

そして完全に単線化したのは、やはり昭和20年以降だと言っていました。ぼくも山折さんの意見とほぼ同じです。

鈴木大拙との面会

そう考えた理由はいくつかありますが、なかでも印象深いのは、スリランカで11年間大統領として君臨したジャヤワルダナ氏の逸話です。彼はまだ大蔵大臣だった１９５１

年、サンフランシスコ講和会議にスリランカ代表として出席しました。

この会議では、第2次世界大戦後の領土問題や日本への賠償請求などについて話し合われました。日本に痛めつけられた国々からは、日本への厳しい意見が相次ぎました。多額の賠償金を日本に求めるべきだ、日本の自由を奪ってしまえばいいというムードが漂っていました。

そんな中、「私たちは日本に対する賠償請求権を放棄する。ぜひ日本には寛大な措置をお願いする」と演説したのがジャヤワルダナだったのです。少し長くなりますが、以下、引用します。

「憎悪は憎悪によって止むことはなく、慈悲によって止む」というブッダの言葉を私たちも信じます。これはビルマ（現ミャンマー）、ラオス、カンボジア、シャム（現タイ）、インドネシア、セイロン（現スリランカ）を通じて中国、日本にまで広まって、共通の文化と遺産をわれわれは受け継いできました。

この会議に出席するために途中、日本を訪問しました。その際に私が見いだしたように、この共通の文化はいまだに存在しているのであります。そして、日本の指導者たち、すなわち民間人のみならず、諸大臣から、また寺院の僧侶から、私は一般の日本人はいまだにあの偉大な平和の教師の影響を受けており、さらにそれに従おうと欲しているという印象を得たのであります。

われわれは彼らにその機会を与えなければいけません。

（同書）

あまりに感動的な演説であったため、各国の日本に対する雰囲気はずいぶん変わったと言われています。そして注目すべきは、ジャヤワルダナが、日本の指導者を含め、民間人、諸大臣、一般の人までもが、平和の教えを説くブッダの影響を受け、それに従おうとしている、とみていたことです。

なぜ彼はそう思ったのでしょう。

ジャヤワルダナが、先の講和会議に出席するためサンフランシスコへ向かう際、日本に立ち寄り、ある人物と会っていたのが明らかになっています。

当時、スリランカからサンフランシスコへの直行便はなく、日本を経由した際に鎌倉に立ち寄りました。会ったのは、禅をアメリカに広めた仏教思想家、鈴木大拙です。大拙と話して感動した話を、１９７９年に日本を再訪した際、天皇陛下の前で語っています。

１９５１年当時の日本は、東京の半分ほどが破壊され、まだ戦争の惨禍に苦しんでいる状況でした。彼はそんな日本にあるいくつかの寺を訪問し、仏教指導者と面会しますが、なかでも大拙との邂逅《かいこう》は印象深かったそうです。ジャヤワルダナは次のように続けます。

> 私は鈴木教授に、日本の方が信仰している大乗仏教と、私たちが信仰している小乗仏教はどう違うのかを尋ねました。すると教授はこう言いました。なぜあなたは違いを強調しようとするのでしょうか。それよりも、私たちはどちらも仏法僧[1]を護持することで共通しており、無常、苦、無我を悟るための八正道[2]を信奉しているではありませんか。
>
> 私は日本の仏教徒とスリランカの仏教徒を結びつける強い絆があることを感じま

した。　（同書）

1　仏道における三宝、仏＝ご本尊、法＝経典、僧＝仏道を歩む人。
2　仏教の代表的な修行方法。涅槃に至るための八つの実践行。

ジャヤワルダナは鈴木大拙や日本の僧侶たちに会って感動し、日本に流れている仏教の伝統を絶対に消してはいけない、われわれは仲間なのだと思い、日本を助けようということを説かれました。

単一化へ邁進

しかし日本は、その後大きく変化していきます。
高度経済成長を遂げ、終身雇用制度を採る企業の数が増え、社員が安心して働ける環境が整うと、宗教になど頼る必要はなくなったと思ったのでしょう。仏教を捨て、単一化を推し進めていきました。

そのことをジャヤワルダナは、鋭く察知します。１９６８年に彼が日本を再訪したときのこと。大阪の万国博覧会を2年後に控えた当時の日本には、立派なビルや商業施設ができ、繁栄を遂げていました。それを目の当たりにした彼は驚きます。

17年前と同じように、彼は再び日本の僧侶たちに会います。それはジャヤワルダナたっての願いだったようです。各宗派のトップの僧侶が集められたのですが、ジャヤワルダナがいくら仏教的な話をしても、僧侶たちの反応は芳しくありません。宗教性を感じられず、彼はひどく落胆したと言います。経済的な繁栄の中で、仏教教団にも戦後すぐの緊迫感が失われていったのです。

そのことを１９７９年の宮中晩餐会でジャヤワルダナは次のように語っています。

私が１９６８年に再び日本を訪れたとき、あなた方は以前と変わって物質的にとても繁栄していました。今日では日本国民は奇跡の復活を遂げ、国は富み、経済的には世界をリードする国のひとつとなりました。

しかし、私たちが知っているように、それだけが文明ではありません。私たちの周りにある、人によって建てられた偉大な建造物がひとかけらもなく消え去ったとしても、私たちがちょうど28年前に、サンフランシスコにおける演説で引用したブッダの言葉は、人々に記憶されていることでしょう。

ほかのあらゆる国々と同様に、日本においても壮大な権力がその必然的な終わりを迎えたとしても、あなた方の寺院から広まった理想や、あなた方の僧侶が実践した瞑想と敬虔な言葉は記憶され、そして、来たるべき世代の人類の型をつくっていくことでしょう。

（同書）

これはものすごい皮肉です。日本がこんなに発展したのは喜ばしい。しかしあのときの鈴木大拙の言葉ははたして活かされているのか。自分を感動させ、サンフランシスコ講和会議で一大演説をさせた、日本の深い精神性はどうなってしまったのか？　というわけです。

当時は既に日本人は海外から「エコノミック・アニマル」と呼ばれるようになっていました。1970年代、80年代の経済成長、そしてバブルに至る道を思い返してみれば、そこには明らかに経済至上主義による社会の単一化がありました。

ジャヤワルダナのエピソードをたどっても、やはり日本にも、昭和20年代前半には、複線の社会があったことがわかります。しかしその後、経済成長とともに、宗教を手放していったのです。

日本のなかにも先ほど触れたような、息子が日本人女性と結婚したタイ人の父親のような人はいました。宗教や精神性がもっと身近にあったし、こころの中心にもあったのです。

しかしそれが失われたように一見見える現代においても、その複線社会を甦らせるのに遅すぎることはありません。

ぼくは、日本人はいまこそ宗教に向かい合うべきときだと思います。

お祈り好きだけど宗教は信じていない

日本人の多くは、「私は宗教とは関係ない」とか「私は無宗教です。宗教なんて信じていませんから」と言います。

でも話を聞くと、毎年正月には神社や寺に初詣に行ったりしている。車のバックミラーには交通安全のお守りを吊り下げていたり、合格祈願や安産祈願のお守りを大事に持っていたりします。

最近では、若い人が「パワースポット」などと言って、水がこんこんと湧き出る泉に礼拝したり、樹齢千年のご神木がある神社にお参りしたり、抱きついたりしています。鎌倉の銭洗弁天に行けば、若い人たちでもお金を水で洗ったりしています。

そんなことをしていても、多くの人はやはり、自分は無宗教だと言い張ります。海外から文化人類学者が調査に来たら、どう見ても「日本人は宗教を信じている」と言うはずです。しかし当人達は無宗教だと言う、そこが日本人の面白いところです。

在籍する東工大の学生に講義では必ず宗教についての質問をします。まず学生に「宗教を信じているか」と聞くと、ほぼ全員の学生が「信じていない」と言います。ならば「初詣に行く人」と聞くと、ほとんど全員が行くと言います。「合格祈願で神社に行った人」と聞いてもかなりの数の学生が行っています。では「小さい頃からランドセルにお守り下げたり、初詣でお守りを買ったり、人生の中でお守りを持ったことのある人」と聞くと、これもまたほとんど全員がお守りを持ったことがあるのです。

そこでぼくはこう聞きます。


「目の前にハサミを置かれて、そのお守りを切り刻めと言われたら、切り刻めますか？」

すると、みなこう答えます。

「そんなことはできるわけないじゃないですか。先生、バチがあたるっていうのを知らないんですか」

「バチって何？　誰がバチを与えるわけ？」

「神様ですよ。仏様もいますけど」

「じゃあ、君は神様を信じているんじゃないの？」

「宗教は信じていません」

「じゃあ合格祈願のために、神社で祈るよね。あれは誰に祈ってるの？」

「神様にきまってるじゃないですか」

「祈るといいことがあると思って祈ってるんでしょう？」

「はい御利益があるんですよ」

「じゃあ、合格祈願に来た時に、その神社にある木に立ち小便とかできる？」

「できるわけないじゃないですか。バチが当たるに決まってるじゃないですか。合格できなくなりますよ」

「やっぱり宗教信じてるじゃない」

「いいえ、宗教は信じていませんよ」

宗教と無宗教のあいだ

仕事で千葉県成田市に行ったとき、成田山新勝寺に立ち寄ったことがあります。すると大勢の人がお参りしていて、なかには大型バスで参詣される人もいました。何が目的かというと、御護摩《おごま》の祈禱です。御護摩の炎の中に、護摩木という薪を投げ入れ、お願いしたいことを清めて祈願するわけです。

それから、皆さんの鞄や財布が集められる。お坊さんやアシスタントのような人が集めて、御護摩の炎にかざす。そうすることで、御本尊である不動明王、お不動様の御利益をいただけるというわけです。これを御火加持《おひかじ》と言います。

これはどう考えても宗教的儀式です。これを見たら誰だって「日本人は宗教を信じている」と断定するでしょう。

なのになぜ「私は無宗教です」と言うのでしょうか。それはひとつには「ある一定の宗教や宗派のメンバーシップに入っていないということです。日本人ならば誰だって初詣に行くじゃないですか。合格祈願をするじゃないですか。お守りを持っていると交通安全の御利益があるじゃないですか。それは日本人としての慣習で、みんなやっていることなのであって、特に私が主体的に特定の宗教団体に入信してるわけじゃないですから、ということなのです。

「私は宗教なんか信じていません」と言う人の話を聞いていると、医者と患者とのこんな会話に似ていると思うときがあります。


「お酒がお好きなようですね」

「めっそうもない、酒好きなんてことはありません」

「でも問診票を見ると、毎日飲んでいると」

「それは付き合いですよ。会社の仲間から誘われると断れないじゃないですか」

「同僚とのお付き合いがない日はどうされている？」

「家で飲んでいます」

「やはりお酒がお好きなのですね」
「いいえ、晩酌は習慣なんですよ。親父が家で晩酌してるのを見て育ちましたから、自然に私も家では毎日晩酌ということになるわけで」
「やはりお酒がお好きなのですね」
「いや、別に好きじゃないんです。人をアル中みたいに言わないでください」

お付き合いで酒を飲むし、習慣でも飲んでいる。これだけ毎日飲んでいるということは、お酒は自分の人生にとっても大切なもので、大きな効用を持っているものかもしれません。だから医者から「禁酒しなさい」と言われたら、「それは私の生活の一部なので、ご勘弁を」と言う人が多いですよね。となれば、自分にとってのお酒の意味を認識し、そのお酒といい関係を築いていくことが大切だと思うのです。

もちろんお酒は有害な部分もあります。でも、「付き合いだから」「習慣だから」と言っていては、その害の部分にさえ向き合えないものです。

自分にとってお酒は大切なものだからこそ、その有害な部分も知りながら、お酒といい関係を築いていこう。お酒のいちばんいいところを引きだし、お酒とともに人生を最大にエンジョイしよう。それがいちばん幸せなお酒との付き合い方だと思うのです。

さきほどの「お守り」もそうです。日本人の多くは無宗教だと言います。「お守り」は宗教ではないと。でももし日本に来た外国人が、目の前でお守りをハサミで切り刻むパフォーマンスをしたらどうでしょうか？　多くの日本人はとてもイヤな気分になるのではないでしょうか。そして「日本人の大切なものが踏みにじられた」「日本の精神性が傷つけられた」「日本への冒瀆《ぼうとく》である」と言って憤慨し、その外国人を処罰せよとか、報復せよとか言い出す人も少なくないような気がします。「お守り」ひとつにしても、実はそれだけ日本人の存在の深い次元に関わっているのです。

日本人は実は極めて宗教的なのです。前記したように、以前は複線の片方の線として、長らく宗教がいつも隣にありました。ここ数十年ほどは、少し疎遠にはなりましたが、日本人の多くは宗教を明らかに信じているし、そこから大きなものを得ています。だから宗教とどうやって付き合い、いい関係を築くかどうかはとても大切なことなのです。

宗教戦争なども実際に起きていますから、宗教とは距離を取った方がいい、できれば触りたくないと思う人もいるかもしれません。しかし、いまおこなわれている宗教戦争は、いっけん宗教組織同士のぶつかり合いのようにみえますが、実態は政治が宗教を巻き込んだ戦いなのです。ほとんどの宗教者は、力で他の宗教を押さえつけようなどとは考えていません。

もちろん、過去にはオウム真理教の事件等々がありましたから、宗教におけるマインドコントロールの怖さは、国民の中に深く沈殿したと思います。しかしそうした怖さを知った上ならば、逆に宗教を活かしていくことができます。

後述しますが、仏教に関して言えば、その神髄を知っていれば、マインドコントロールには流されないだろうと考えています。さらに、宗教に関わったからといって、全ての人が「アル中」のような依存症になるわけではありません。

むしろ、そうした怖さを理由に遠ざかることこそもったいないし、危険な部分もあります。社会から「支え」や「揺るがない希望」が失われつつあり、孤独や苦しみが人間を襲い、社会のつながりが失われ、救いが見失われようとするときこそ、宗教は最大限にその力を発揮し、私たちを活かす力になるのです。

第二章　立て直す力としての「宗教」

お坊さんのイメージがわるい

全国各地で様々なテーマで講演をしていますが、仏教関係の講演の時は、仏教についてのイメージを聞く質問をしています。四つの言葉を言って、それに対してよいイメージを持っていれば、手を挙げてもらいます。

第1問。「仏教」にいいイメージを持っている人。9割以上の人が手を挙げます。

第2問。「日本仏教」。手を上げる人が6割とか5割くらいに減ります。

第3問。「日本のお寺」にいいイメージを持っている人は？　地方だと4割くらいですが、都会だと2割くらいになってしまうこともあります。

第4問。「日本のお坊さん」。これも都会と地方によって違うし、聴衆の顔ぶれによってかなり違いますが、都会だと1割いかないことが多いです。

いずれにしても、仏教へのイメージはいいのですが、お寺やお坊さんへのイメージがよくないのです。

仏教には本来、多様な側面があります。思想としての仏教、社会実践としての仏教、悟りを目指す仏教、往生へと導く仏教、先祖を祭る仏教……。

もしかしたら、思想としての仏教、悟りを目指すものとしての仏教のイメージは悪くないのだと思います。しかし、多くの人にとって、現在の仏教のイメージは葬儀や法事だけおこなうものになっています。そして僧侶は堕落しているとか、既得権益にしがみつき、お金だけを気にしていると考えている人も少なくありません。もちろん人々の苦しみなどまったくお構いなしに自分の寺の経営だけを考えていて、一般人よりもカネまみれで豪勢な暮らしを享受している、堕落しているとしか思えないような僧侶もいます。しかし全ての僧侶がそうではありません。貧しくて僧侶だけでは寺を維持することができず、学校の先生や役場の職員などを兼職して、そのお給料でやっと暮らしている僧侶も少なくありません。また本当に「この社会の苦しみを救いたい！」「困っている人の助けになりたい！」と心の底から思い、全身全霊で行動を起こしている僧侶もたくさんいるのです。ぼくが２００４年に『がんばれ仏教！——お寺ルネサンスの時代』（ＮＨ

Kブックス）を出版したのは、そんな「がんばってる」僧侶たちを紹介し、そうした僧侶を支援することで仏教をより良きものにし、そしてもっと救いのある日本社会となってほしいという願いからでした。

母も仏教が嫌いだった

じつは、ぼくの母も仏教が嫌いでした。その母が、がんになり、末期をホスピスで過ごしていたときのことです。突然、母は葬儀についてぼくに聞いてきました。

「あなた、じゃあ、南無阿弥陀仏でお葬式をやって、私はお浄土に行くのよね。だけど私さ、納得できないわ。私、阿弥陀さんが何なのかも知らないし、でも南無阿弥陀仏を唱えて、何も知らないお浄土に行っちゃったりするわけでしょ。納得できない！」

これは自分で納得するまでは、単に伝統だからと言われても、他の人たちがそうやっていると言われても、決して妥協しない母らしい言葉でした。

母はぼくの幼少期から青春期に大きな葛藤をもたらした存在として、たびたびぼくの本にも登場します。ぼくが2歳半の時に父は全財産をもって失踪し、離婚後は母は翻訳家として生計を立てることになり、毎日のように徹夜仕事をしていました。いまのように男女平等の意識がない時代に、女性がフリーランスとして働いていくつらさもずいぶん味わったことと思います。男社会への怒り、憤りは並々ならぬものがありました。

仏教というのは、日本社会における制度的な意味では伝統的な社会の中で、女たちを縛り付けたあの家制度の権化と言えるところもあります。檀家制度、家の墓を守らなければならない。男社会の中で踏ん張って生きてきた母にしてみれば、女たちを抑圧する、その頂点に、仏教制度と檀家制度があるというイメージをもっているわけで、そもそも仏教には親和性がない。そして阿弥陀様とかお浄土とか言われても、何も知らないのにどうしてそんなところに行かなきゃならないのか、というところでしょう。ご先祖のお墓まいりには行っていましたが、自分が死ぬ、となったときに納得して行きたいという思いが芽生えてきたのだと思います。

「阿弥陀さまとお浄土の話」という紙芝居

ぼくの『がんばれ仏教！』の冒頭には、上田家の檀家寺の若住職があまりに仏教のことを知らず、また自身が仏教を信じているようにも見えないので、家族親族からたいへん不評で、「いつか寺を変えないととてもじゃないけど成仏できないね」と言い合っていたという話が載っています。実はそのお寺はぼくの祖父が東京でお墓を買い求めたときに、そのお墓の区画に付いてきた寺だったのですが、他のお墓の購入者からも不評だったらしく、ある日ぼくの叔父のところに墓地の管理会社から電話がかかってきました。「あのお寺はあまりにひどいので、お墓に出禁にしました。ですので、次のお寺はそちらさんで探してください。べつにもう宗派にはこだわりませんし、仏教でなくてもいいですから」と。すごい電話です。そしてちょうど次のお寺をどこにするべきか、叔父から相談されていたところだったのです。

ぼくがお願いしようと思っていたのは、浄土真宗大谷派の存明寺《ぞんみょうじ》住職の酒井義一さんでした。酒井さんはものすごくヒューマンなお坊さんで、若いころからハンセン病の療養所に通って活動していました。東日本大震災が起こってからは、何十回も若い僧侶や若い門徒さんと被災地にでかけて炊き出しなどをしたりしている僧侶です。そうした活動は単なる社会的活動でなく、その向こう側には仏教の大きな慈悲心があり、いつも心をうたれていました。

母に酒井さんのことを話すと、

「そんな素晴らしい人なら、お会いしたいわ。でも私、こんな状態だから、このホスピスに来てもらえるかしら。それに体力が落ちているから、30分しか持たないと思う。30分で阿弥陀さんとお浄土のこと、説明してほしいの」

酒井さんに、「母が、こんなことを言っているんですけど」と正直に伝えました。酒井さんは、ぼくの講演などを何度か聞いてくださり、ぼくと母とのあいだにあった壮絶な葛藤や、母のキャラクターもだいたい把握してくださっていました。しかし時期が悪い。お盆のまっただ中でお坊さんがいちばん忙しい時期なのです。でも事情を理解し、

「こうやってお声がけをいただいたのも、何か大きな意味のあることだと思います。ぜひ行かせていただきます」と快く引き受けてくださったのです。

酒井さんはその日、平服で現われました。そして驚いたことに、Ａ４用紙20枚にもわたる「阿弥陀さまとお浄土の話」という紙芝居のような冊子を持ってこられました。何でもその日のために何晩か徹夜して作ってきたとのことです。それを使って阿弥陀さまとお浄土の話をすることになりました。

二つのパートに分かれているのですが、第１幕は「阿弥陀さまについて」。ポイントをまとめると、次のような話でした。

阿弥陀さまとは、「働き」のことです。どこかに「阿弥陀さま」というお姿の仏さまがいるのではありません。阿弥陀さまとは、人間を目覚めさせる働きのことです。働き、それは風のようなもの。風には色も形もないけれど、ときに優しく頬を撫で、ときに激しく身を揺らす。まるで眠っているかのような人間を、ときに優しく、ときに激しく揺り動かし、目覚めさせる働き。それを阿弥陀さまと言うのです。

阿弥陀さまには二つの呼び名があります。ひとつは、「アミターユス」です。古代のインドの言葉で「限りないいのちの仏さま」という意味です。もうひとつは「アミターバ」、「限りない光の仏さま」という意味です。だから阿弥陀さまとは「限りないいのちと限りない光の仏さま」という意味なのです。

阿弥陀さまは、時代を超えて、闇を照らし続けてくださっています。

それでは闇はどこにあるのでしょうか。それは私たち一人ひとりの心の中にあります。でもそればかりではありません。闇は時代そのものや社会そのものにもあるのです。そして阿弥陀さまは寺の本堂の中だけにいるのではなく、変幻自在にあちらこちらに出没します。たとえば被災地。苦しみや悲しみを抱えた被災者のとなりに阿弥陀さまのはたらく場所があります。大都会で人に囲まれながらもひとりぼっちだというさみしさのとなりに阿弥陀さまのはたらく場所があります。

病室を照らした光

それから酒井さんは阿弥陀さまから呼びかけられる声の話をされて、15分が過ぎたところで休憩に入ったのですが、母は酒井さんを質問攻めにしました。

「あなたね、阿弥陀さまには全然、形もないって言うのに、仏像があるじゃない。なんで仏像があるのよ」

ちょっといい加減にしろよ、みたいな質問をするのですが、酒井さんは優しいから、「ああ、それはですね」と言って、形もないものではやはり人間には認識できない。仏像という形に顕されているけれど、その形を超えて様々なところに顕れる働きのことなのです、と丁寧に説明してくださいました。

第2幕は「お浄土編」。およそ次のような話でした。

浄土、それは清らかな世界、阿弥陀さまの世界のことです。浄土、それはさまざまな表現で、物語が書かれている世界。浄土、それは私たちの住む、この世を穢土《えど》として見つめる批判原理です。浄土からの光に照らされて、この世が実は穢土であったことを知り、その穢土をわが世界として生き抜くことが始まるのです。穢土とは嫉妬や殺意から互いが共存するのが難しい世界です。しかしその闇を自覚しながら、自らの責任で立ち上がり、私たちはその現実を生きていくのです。立ち上がり、歩き出す。そのことを浄土は私に呼びかけているのです。

浄土とは、呼びかけの世界。私より先に生きた人は、浄土という精神世界から、今を生きる者たちに呼びかける存在となる。「迷うな、生きろ」と。だからあとに生きる人は、先祖をとぶらうのだ。多くの人びとが限りないいのちと光を仰いで生きてきたように……。

それを聞いた母がすぐさま反応しました。

「そうか。私は死んでから、みんなに呼びかける存在となるのね」

そこには何か深い納得が感じられました。

じつはこの日、驚かされたことがありました。兵庫県宝塚市に住む従妹が病室に来ていたのです。彼女の両親――ぼくの母の妹夫婦――は2人とも既に他界してしまったので、ぼくの母を「おばちゃん」と慕っていました。その従妹が母から、「こんど、お坊さんが阿弥陀さまとか浄土の話をしてくれるそうなので、あなたも来て、ぜひ聞いておきなさい」と言われたそうで、大手商社の副社長の秘書をしていたのですが、有休休暇を取って駆けつけてきていたのでした。

彼女も来た甲斐があったようです。

酒井さんを2人でエレベーターホールまでお見送りした後、彼女は「酒井さんはすごい」と感じいったように言いました。何がすごいかというと、

「酒井さんは、お話をされるとき、言葉がおばちゃんの中に入っていっているかどうかを見ながら話しておられた。ひとりで話されていても、おばちゃんとずっと対話していた。あのような話し方をする方を初めて見ました」

それはぼくにとってもとてつもない体験でした。そしてそれまでもたくさん語ってきた「宗教」というものの、まだまだ知らなかった奥深さ、この世界のありがたさが開けてきた時間でした。

ぼくと母が酒井さんにお願いしたのは、阿弥陀さまとは何か、お浄土とは何かという「説明」でした。そして酒井さんはたいへん忙しいお盆の合間に、何晩も徹夜をして、その準備をしてホスピスを来訪してくれました。後から聞くと、「30分で阿弥陀さまとお浄土の何が語れるのか。ぼくが小さいときから聞いた阿弥陀さんのお話、お浄土のお話、大学の恩師たちからうかがった話などを全部思い返しながら、紙芝居をつくらせてもらいました」とのことで、酒井さんにとっても人生を振り返る大きな場であったとのことです。

母、私、従妹、酒井さん、全ての人生と思いが重なり合い、そこで生と死が語られるホスピスの場、それはもはや阿弥陀さまとお浄土の「説明」の場ではありませんでした。ぼくは酒井さんが母に語りかけ、母がその話をうなずいて聞いている場にいながら、いつしかこう確信していました。

「阿弥陀さまの力が、まさにこのホスピスの部屋の中に働いている。そしてこの場にもうお浄土が垣間見えている。まさにここが浄土なんじゃないだろうか」

説明ではなくて、もうそこがお浄土であり、阿弥陀さまの光がここに届いている。それはぼくにとって一生忘れることがないであろう、大きな宗教的体験でした。そして生きていることのありがたさ、この母と一緒に過ごしてきたことのありがたさ、こうやって死の直前にこんな場をともにできるありがたさ……、いろいろなありがたさが一気に湧きあがってきたのです。

母は酒井さんのお話を聞いた一週間後に亡くなりました。

仏教の本質的な力

仏教は、終末期だけのものではもちろんありません。いまを生きる人の大きなエネルギーにもなります。

以前、浄土真宗西本願寺、前門主の大谷光真さんと対談させていただいたことがあります（『今、ここに生きる仏教』平凡社）。

ぼくの『がんばれ仏教！』を出版後いち早く読まれて、周囲の方々に推薦されたというご縁もあって、大谷さんとお話をすることになったわけですが、そのなかでおもしろいお話をしてくださったのです。

それも現代においての阿弥陀さまと自己をめぐる話でした。

上田　『今、ここに生きる仏教』の若い人たちというのは、とくに挫折をしたわけでもないのに、自分はちっぽけな存在で、何をすることもできないんだと思っている人たちが多いんですね。そういう無力感を持っている人たちに、いわゆる俗流の真宗の「あんたは罪深くて、なんにもできない凡夫で……」というのを重ねちゃうと、もういいよ、私なんかは意味がないと言うことになってしまいます。（中略）

大谷　浄土真宗は伝統的には、凡夫の自力は役に立たないから他力にお任せするということ、そういう待避の仕方ですよね。それは間違ってはいないんですけれども、現代ではそれはあまり説得力がないというか、有効な表現方法ではないんじゃないかと思います。できる、できないではなくて、阿弥陀様からのはたらきかけが私のほうに一方的に来ている。南無阿弥陀仏というお念仏もそうです。だから、どこにいても阿弥陀様に照らされ、よびかけられ、支えられているというふうに他力を味わえば、少しは元気が出るんじゃないでしょうか。

この後のお話にはぼくはちょっとほろりときてしまいました。

大谷　たとえ話ですが、あまりなじみのない町の人込みを一人で歩いていると、人はいっぱいいるけれど、まったく孤独というか、ある種の緊張があって身構えてしまいますよね。しかし突然、私の名前を呼ぶ声がどこからか聞こえて、パッと見たら友だちだった。『あんた、どうしてここに来たの？』と言われたら、急に表情が和らぎます。道に迷ったり、正しい道を探したりしているときに、突然、知っている人が現われて、『あんた、どうしたの？』と。もうそれだけで緊張がほぐれてホッとする。これはたとえですけれども、人生に迷って身構えている、どんな恐ろしいことがあるのかしらということで右往左往している人生で、向こうからふっと私の名を呼ぶ人が現われて、「心配しないでいいよ」と安堵感を与えてくれる。阿弥陀さまに出会うということは、そういう面もあるんじゃないか。それが、この人生をさまよう若者を支える力になるのではないかというふうにも思えるのですが。

ぼく自身、大都会に生まれ育ち、人込みの中を何回も歩きながら、誰も自分のことなんか気にかけてないんだ、自分は芥子粒《けしつぶ》のような存在なんだと、何回も何回も思い知らされて生きてきたので、大谷さんの言葉は心に沁みました。目には見えないけれども、阿弥陀さまはあなたを見ている。その安心感、支える力を感じ取りながら元気を出して生きていこう。それが仏教の力だというのです。

閉じるお寺、開く教会

次に紹介するのは、仏教ではなく、キリスト教にまつわるエピソードですが、ぼくの教え子が体験した実話です。

彼女は、大学院の上田研究室に在籍していた学生ですが、話は大学生の頃の出来事です。

ある日、彼女はプチ家出をしてしまったというのです。どうやって生きていけばいいのかまったくわからなくなり、ある夜、家出をしてしまいます。

自宅は神奈川県の湘南地域にあったので、海のほうに歩いて行ったならば危なかったかもしれません。悩みを抱えた女性が、波が打ち寄せる海岸にいるだけで心配です。でも彼女は幸いなことに砂浜のほうに行くことはなく、町中を当てどなく歩いたと言います。

そこにお寺を見つけます。お寺ならば助けてくれるかもしれないと思ったのでしょう。門の前に行きました。ところが門に閂《かんぬき》がしてあって開きません。都会のお寺というのは、警察から防犯上の指導などもあって、閂をしてあるケースが多いそうです。仏像泥棒などもありますから、セコムを付けているお寺も結構多いのです。

インターホンがあったので、呼び出しボタンを押そうか、押すまいかとずいぶん逡巡しました。でも結局押せなかったそうです。

押したらどうなるだろうと想像したとき、彼女の脳裏にはこんな声が聞こえてきたそうです。

「今、何時だと思っているんだ！　夜の2時にインターホンを押すなんて、なんという不届き者だ！」

とか、

「だいたいおまえはうちの檀家なのか？　檀家でもないのに、深夜に寺のインターホンを押すなんて、どういう了見だ！」

ああ、押せない……。そう思った彼女は、また、とぼとぼと夜道をひたすら歩いたそうです。

次に、うすボンヤリ見えてきたのは、十字架。教会にたどりついたのです。ここは開いているかしら？　と思って近づくと、ドアは開いていたそうです。あとで教えてもらったことですが、キリスト教にとって「門」はとても大切なもので、開けておかなければいけないそうです。「わたしは門である。わたしをとおってはいる者は救われ、また出入りし、牧草にありつくであろう」（ヨハネによる福音書第10章）。

彼女はドアを開けて、誰もいない教会の中に入りました。そして、1人で薄暗い礼拝堂に座りました。1時間が過ぎ、2時間が過ぎ、何時間も座り続けているうちに、不思議なことに胸につかえていた重い石のようなものが、スーッと下りていきました。そうして、白み始めた中を彼女は教会をでて、家に帰ったのだそうです。そうしたらそれ以降、あまり落ち込むことがなくなり、人生の意味とエネルギーが回復していき、東工大の大学院に入り、ぼくの研究室に来た、というわけです。

「ボロボロになったら、またここに来ればいいよ」

この話には、ポイントが二つあります。

一つは、寺に対して、彼女がかなりヒドいイメージを持っていたということ。聞けば、実家の菩提寺の印象が相当悪かったようなのです。座布団がおかしい、線香の立て方がおかしいとか口うるさく言われ、とにかく怒鳴り散らす坊さんだったようなのです。そのくせ、お布施だけはガッチリ取って帰るみたいな最悪のイメージを彼女は僧侶に対して持っていました。

もし、生まれてからずっと接してきたお寺に、真の仏弟子がいて、衆生の苦しみをなんとしても救いたいとか、宗派の違いなど無関係に、誰が相談に来てもお受けしますよ、という姿勢でやっていたならば、知らないお寺であっても、玄関のインターホンを押せたはずなのです。とても残念です。

第二のポイントは、なぜ彼女が快復したのかという点です。彼女は一晩中、誰とも話してない。神父さんや牧師さんに悩みを打ち明けたわけでもない。なのに、なぜ元気になったのか。彼女にその点を聞いたところ、次のような話でした。

彼女は教会に座っていたとき、「門が開いているならば、誰かがいるはずだ」「もしここで泣き崩れて「助けてくださ〜い。私はもう死にそうで〜す！」と叫べば誰かが出てきてくれるはずだ」と思ったそうです。

「助けてください！　もうダメです！」と叫ぼうかと思ったとき、もう1人の自分の、こんなささやきが聞こえてきました。

〈あなたの中にはもう一回、生きる力があるから、その力を頼みにして、もう一回、生きてみたらどう?　そしてまたボロボロになったら、またここに来ればいいよ〉

その声を聞いて、

〈そうだ、もし、またダメになったら、ここに駆け込めばいいんだ〉

と感じて、なぜか元気になって、もう一回生き直してみようと思った、ということなのです。

つまり、この世の中には、どんなにボロボロになろうが、絶望しようが、駆け込むところがあるんだ、支えてくれるところがあるんだと、彼女は体感したのです。それがドラスティックに、実存的な転換をもたらしたのです。

自由と支えは表裏の関係

このごろの若者は周囲の目をとても気にしています。他の人から何を言われるかにとても敏感なのです。お父さんやお母さんからは、「こう生きなさい」と言われ、先生からどう見られているかも気になる。友だちからは「変な子だって思われないようにしなきゃ」とハリネズミのようにして警戒しながら生きている。自分がやりたいことよりも、他の人からどう見えるかが優先してしまい、自分がほんとうに何をやりたいかが分からなくなってしまう。

仕事を選ぶときも、自分が何をやりたいか、ということよりも、どの企業に行ったほうが親に賛成してもらえるか、友だちからヘンだと思われないかとか、そういう声がまず聞こえて自分の行動を縛ってしまっています。そんな人生は不自由そのものです。そして自分自身が自分の人生を生きているという実感が失われていきます。自分の人生なのに他の人たちにコントロールされている、どこに自分はいるんだろう？　と。

自由と支えはコインの裏表です。自由に生きるためには、自分の中に絶対的な支えが必要なのです。私を支えてくれるものがあるというある種の確信のようなものが、人間の自由を支えるのです。人生が破綻しても、ひどく落ち込んで死にたくなったりしても、無条件に支えてくれる存在がある、ということが人生へのチャレンジを後押しするのです。

新自由主義が陥った罠。それはその人生の支えを外しながら、自由に金儲けしろと言っているところです。支えを外して、でも「自由」に行動しろと言う。

最近の若者は夢を持たなくなったな、という声を聞くことがあります。しかしあなたがもし人生にチャレンジして失敗したとしても、誰も助けてくれない。それはあなたの自己責任でしょう。はい、さようなら。他にあなたの代りはいくらでもいる。結局、使い捨て。失敗したって救わない……そんな状況で、誰が冒険をするでしょうか。だから若者は、みんなから評価される可能性の高い、安全なところに身を置こうとするわけです。

企業などからの講演の際には、ぼくは年長者たちにこう言います。あなたたちの時代は日本は絶好調だった。企業は終身雇用だったし、あなたを決して見捨てることがなかった。だからあなたたちはチャレンジできた。そんな自分の恵まれた状況に気づかず、今の若者は夢が小さいなどと言って済ませていても何も起きません。若者達には「チャレンジしよう。3回くらいの失敗は上司の自分が責任を持つから」くらい言ってください。まあ、4回、5回は過保護になってしまいますけどね。

そして若者たちにはこう言います。自分を支えてくれるものを持とう。会社での業績だけに自分を一元化、単一化してしまえば、好調な時はいいけれど、人生必ず不調や挫折はあるものだ。大きな支えを持つことで人生チャレンジできる。自分を支えてくれるものが何なのか、それを探す旅を続けていこう！

尊敬する仏教者

　これまでの話でわかったと思いますが、あなたを支えてくれるのは、じつは何だっていいのです。宗教であれば、仏教であろうが、キリスト教であろうが、あるいはイスラム教であろうがかまわないわけです。自分にいちばんフィットする宗教であればいい。もっといえば、宗教はどうも受け付けないという人は宗教に代わる何かを見つければいいのです。

　もし仏教で救われるかもしれないと思った場合、檀家としてつきあっているお寺の住職を尊敬できないと思ったら、お寺を変えてしまえばいいのです。檀家制度は江戸時代の制度です。それに縛られて仏教を嫌いになるくらいだったら、素晴らしいお坊さんのお寺に変えてしまったほうがお釈迦様も喜ばれることでしょう。

　ぼくも知っています。ベンツに乗って、子どもたちにマンションの住戸を一つずつ買い与え、娘はブランド物を身につけ、自分自身も毎晩クラブを飲み歩いているような住職を。檀家を1000軒以上持っていて、葬式法事は部下の僧侶にやらせていて、じぶんはもう遊んで暮らせるような僧侶もいます。

でもそうではない僧侶もいます。大きなお寺でも、様々な活動を起こして、衆生の苦しみを救おうとしているお寺はあります。小さなお寺でもがんばっているところがいくらでもあります。素晴らしい僧侶と出会えたならば、その人がいるお寺にお世話になるのがいいと思います。ほんとうに尊敬できる宗教者とともに歩む、その人の活動を支援する、それはとても気持ちのいい毎日をもたらします。

ここ20年ほどの間に、魅力的な活動をする僧侶が増えてきました。

それについて、『がんばれ仏教！』に登場した僧侶について書きたいと思います。

長野県松本市にある神宮寺で住職をつとめていた、高橋卓志さんの話をしましょう。

ぼくが『がんばれ仏教！』を書いたきっかけとなった人です。

彼はお寺の子として生まれます。それもただのお寺ではありません。彼の父親は、臨済宗妙心寺派の副管長までのぼりつめた、とても高名な方です。

しかし高橋少年は、お寺のことがイヤでイヤで仕方ありませんでした。呪われた家に生まれたとさえ思っていたと言います。父親はものすごく厳しく高橋少年を鍛えます。小学校の低学年のときから、朝4時半過ぎには叩き起こされて、お父さんと一緒に2時間近く、座って読経させられる。中学生になると、父親と一緒に葬式とか法事に同行させられ、隣で読経します。そうすると、口さがない地元の子たちからこうからかわれたそうです。

「おまえのところ、葬式でメシ食っているんだろう？　おまえ、あそこのおばあちゃんが死んだから儲かったんだろう。おまえ、小遣いもらったんだ？　ほんとにいいよな。人が死ぬと、おまえ、嬉しいんじゃないのか」

もう耐えられない！　絶対に寺など継がない！　と思って、高橋さんは大学で一大決心をして家を出ます。

本来なら、妙心寺派の花園大学に行くのが普通ですが、断乎拒否しました。当たり前ですが、花園大学にいけば、彼の父親のことは教授陣、大学関係者は全員知っています。

逃げ場がない。そんなところに一秒たりともいたくないわけです。

彼は龍谷大学に入学します。仏教系の大学ではあるけれど、浄土真宗本願寺派のお寺です。しかも仏教学科に行かず、東洋史学科に進みます。

本人としては、「やったー！　寺から出られた。もう二度と帰ってやるものか！」という気持ちです。キャンパスライフをエンジョイしようと、競技スキー部に入って、回転などの種目に出場したそうです。練習をするうちに、もっと上を目指すには、もっといいスキー板が必要だということに気付きます。聞くところによると、回転競技というのは、スキー板の良し悪しが記録に反映するらしく、当時、カザマという日本メーカーの板が一番性能がよかった。しかし5万円と値が張る。高橋青年にそんなお金などあるわけがありません。

さあどうしたものか。そのあたりはお坊ちゃまなのですが、実家に帰って、母親に相談をするわけです。「どうしてもカザマのスキー板が欲しいので、どうにかならない？」とおねだりしたら、母親は、私にへそくりがあるから、それを使っていいよと言ってくれた。このお母さん、なかなかのタフネゴシエーターだと思うのは、「ひとつ条件がある」と、大切なことを約束させるのです。

「必ず寺に帰ってくること」

カザマのスキー板欲しさに、「はい！」と交換条件をのんでしまった。それが運の尽きというか、高橋さんは自ら「ぼくはスキー板に魂を売ってしまった男です」と苦笑しながら言います。ともかく、そのスキー板のお陰か、腕をあげて、国体の選手にまでなったそうです。

それで大学院まで行って、約束通りお寺に帰ってきました。肩書きは副住職です。しかしイヤイヤ帰ってきている。とくに通夜が嫌いで、通夜の前になると、お腹が痛くなって、体調がおかしくなったそうです。葬式や法事でも、寝込んでしまうような状況でした。

その一方で、こんなイヤなことを俺はやっているんだから、もらったお布施は俺がどう使おうが勝手だろうと言わんばかりに、昼間からパチンコに行ったり、毎晩スナックに繰り出します。ともかく、20代は生活が乱れに乱れて、相当酷い状態だったようです。

ニューギニアに眠る1000人の兵士

そんな彼の前に有名な高僧が現われます。寺の本山、妙心寺の管長、山田無文《むもん》老師です。長いヒゲをたくわえた姿が有名な昭和の名僧です。高橋さんの生活態度があまりにひどいので、見かねて、「俺と一緒に来い」と誘ったわけです。高橋和尚が29歳のとき。どこに行ったかというと、ニューギニアの近くのビアク島。第2次世界大戦中、ニューギニアだけで18万人の日本人将兵が戦死し、ビアク島でも1万人以上が戦死したと言われます。その慰霊の旅に同行したのです。旅のメンバーには、父親や夫などをこの島で亡くした遺族と、奇跡的に生還した戦友たち。遺族たちがこの島を訪れるのは初めてでした。

現地ガイドが「高橋さーん」と呼んだのは、洞窟の中でした。島にはたくさんの洞窟があるのですが、連合軍によって追い詰められた日本兵たちが最期を迎えたのがそこで

した。水滴が絶え間なく滴り落ち、膝の高さまで泥水がたまっている。ガイドは足元を見ながら、

「ボーン、ボーン」

と言う。何のことかと思って、泥の中に手を突っ込んでみると、手に触れるものがあった。それがなんと、人骨だったのです。いうまでもなく、ここで戦死を遂げた日本兵のものと思われます。ボーンとは骨のことでした。

「高橋さん、あなたは骨の上を歩いているんですよ」

その言葉が衝撃でした。

あとから聞くと、その洞窟には、1000人近い将兵がいたらしいのです。彼らは弾も撃ち尽くして、何もできないため、そこで身を隠しながら生活していたのだけれども、ある日、上空からガソリンの入ったドラム缶がたくさん投げ込まれた。さらに機銃掃射と火炎放射器によって火が放たれ、一気に1000人が焼け死んでしまいます。

使っていたと思われる碁石があった。飯盒《はんごう》や靴もあった。戦況がよくないことはある程度感づいていたと思われます。死を覚悟し、絶望感にさいなまれるなかで、食べ物を

飯盒でこしらえ、囲碁をしながら、その絶望感を一時忘れていたかもしれません。望郷の思いも募ったでしょう。そんな兵士たちの気持ちを考えたとき、高橋さんは涙が止まりませんでした。

そんなとき、山田老師から声をかけられます。

「高橋、おまえが法要をやれ」

言われるがまま、般若心経を唱え始めたのですが、突然、亡き兵士の妻が「いやー！」と絶叫して、洞窟に突っ伏したのでした。そして慟哭《どうこく》します。もうこの世のものとは思えないような、悲しくて重くて、魂を震わせたような泣き声。聞けば、彼女と亡くなった兵士は新婚で、お腹に赤ちゃんがいるときに出征したという話でした。

その女性は、

「今までお国のために亡くなったというふうに思って、なんとか支えていたんだけれども、この洞窟で、あの人が焼き殺されたのかと思ったら、もうなんか、その数十年のすべてのものが、そこで出てきた」

と話していたそうです。

高橋さんは、あまりの状況で般若心経が読めなくなってしまいます。

〈俺がここでお経を読んだところで、いったいどうなるんだ〉

という思いもあったようです。

「山田先生、すみません。法要はできません。替わってください」

と言った途端に、

「バカヤロウ！　何のためにおまえは僧侶になったんだ。おまえがやるんだ、ここは」

と一喝されて、泣きながら法要をやったと言います。

この体験は高橋さんにとって、大きな転機になります。

彼の著書『死にぎわのわがまま』（現代書館）の中で、「ビアク島の兵士の遺骨を探り当てるまで、僕の仕事は死後のセレモニー屋でしかなかった」と述懐しています。そのときに生じたこころの変化を次のように綴っています。

彼らの「たましい」に呼びかけるがごとくに、洞窟内で読み続けた「般若心経」は、仏教という中で生きている坊さんとしてのぼくが、全てのいのちとこれからどうかかわっていけばいいのかという方向性を指し示す戒語であったような気がする。ぼくがいのちや死、またそれらが持つ関連性に直面したのはビアク島だった。そしてそれ以後のさまざまな活動に入り込んだのは、ビアク島に眠る兵士たちの導きであるような気がする。

おそらく魂の奥底のようなものに触れたのだと思います。同書の中で彼は、「無数の遺骨の上に立ったとき、もう逃げられない自分を強く意識した」とも書いていますが、それから、独自の活動を始めます。

「死にぎわのわがまま」を聞く

高橋和尚は、人生の最期を迎える人や、死に直面する人をサポートすること、そして葬式改革に乗り出しました。彼はいわゆる「葬式仏教」否定派ではありません。「良いお葬式」をすることに集中するわけです。その動機がどこにあったのか、彼に話を聞くと、芥川賞作家・重兼芳子さんから、次のように言われたことが大きかったと言います。

「現代社会の病んだ深層があり、だからこそそこに目を向け、動かなければいけない仏教はいったい何をしているのか。仏教がいのちやその延長線上にある死を真正面から捉えず、過去の遺産の上にあぐらをかき、その遺産を食い潰すかのごとき行為をどう考えるのか。命の終末を迎える人々の苦悩や、家族の悲嘆を支えることもしないで、営利に走る仏教は宗教といえるのか」

高橋さんが始めたのは、いのちの終末を迎える人をサポートするターミナルケアです。死に直面したとき、やっておきたいことを口にする場合がありますが、その中身は人それぞれです。自分の人生を振り返り、楽しかったこと、辛かったことを話しておきたいという人、自身の苦悩を聞き取って欲しいという人、あるいは、魂の行先を知りたいので、『チベットの死者の書』を読んで欲しいと話す人……。

どんな葬儀をしたいかについて、しっかりと相談しておくという取り組みもしています。その人が生きたという証を、皆が納得できるものにしようという試みです。こころのこもった葬儀にしたいからと、自分で葬儀のプログラムを考え、どんな音楽をかけ、弔辞を誰に読んでもらうかも選んでおく。それで「やっと安心して死ねます」と言う人がいるそうです。

理髪店のご主人ならば、店で使っていた理容椅子を葬儀場に持ち込んで、最後の客として座りながら、読経する。あるいは野球の大ファンならば、好きな球団の応援歌を式場で流すとか。

また、その人が認知症になっていれば、家族からその人の一生を可能なかぎり聞き取る。また、その人が書き残した文章の一節をうまく取り入れ、それをもとにストーリーを構成してビデオにするといった方法もあります。

高橋さんは、100人いれば100通りの葬儀の仕方があると言います。お仕着せの「死」を強要するのではなく、その人自身の苦悩を聴き取り、その人自身の「死にぎわのわがまま」を聞く。その人に寄り添った葬儀をつくりあげていくのです。

しかも値段設定が細かく、明朗な会計がおこなわれる仕組みをつくりました。

また、高齢者向けのデイ・サービスを始めました。目的は、お寺ならではの、「精神的基盤」づくりです。檀家に止まらず、その地域の人びとに「あんしん」を提供したいというのが始めた目的です。安心して老い、安心して病を得て、そして安心して死んでいく。

「つまり生・老・病・死という人生における過程が『あんしん』の中で送られ、それによって充実した人生だったと納得できればいい」

というのです。

さらに「ケアタウン浅間温泉」という宅老所もオープンしました。廃業した温泉旅館に開業したのですが、温泉はお年寄りには何よりうれしい。デイ・サービスだけでなく、在宅介護支援センターも立ち上げました。

それ以外にも、彼の関わるプロジェクトは多岐にわたります。タイのＨＩＶ感染者支援をおこなっている寺と協力して、作務衣《さむえ》プロジェクトを開始しました。ＨＩＶ感染者は、無理解から仕事に就くことが難しく、経済的に困窮しがちでした。そこで考えたのが、作務衣を縫製《ほうせい》することで、経済的自立をしてもらおうというプロジェクトです。

高橋さんは現地に何度も足を運び、高い品質の作務衣ができるよう指導しました。それにより、技術が向上し、ＨＩＶ感染者も安定した収入を得ることができるようになり、家族を養えるようになったのです。

真夜中にかかってくる相談電話に応対したり、家庭内暴力を起す子どもや窃盗の常習犯を寺で預かったりもしました。

とにかく型破りな僧侶。寺には絶対に戻らないと考えていた学生時代が、嘘のように思われます。

人が目覚め、動き出すときというのは、どうすることもできない苦しみや癒しがたい悲しみなどの「苦悩」に出会ったときなのでしょう。それはブッダの生き方とも重なります。

お坊さんたちの中には高橋さんのように、自分の言葉で、仏教を語れる人が複数生まれてきているように思います。葬式や法事を執りおこなうという意味での仏教界は非常に厳しいのですが、その厳しさがあればこそ、新たな展開を模索する僧侶も増えていきます。そこに希望を持っていきたいと思っています。

葬式をやらないが、アートをやる

大阪市の應典院《おうてんいん》というお寺の住職・秋田光彦さんも、『がんばれ仏教!』でインタビューをさせていただいた方です。彼も子どもの頃、大蓮院僧侶だった父親が葬儀をしてお布施をもらうのがイヤでした。親の職業欄に、「住職」や「僧侶」と書かずに、「宗教法人代表役員」という名称を知ってからは、それで通したそうです。

大学進学を機に念願の大阪脱出が叶います。明治大学演劇学科に入学しました。幼い頃から映画好きだったこともあり、学生映画づくりに熱を上げます。

映画プロデューサーとして石井聰互《そうご》(岳龍)監督作品『狂い咲きサンダーロード』(1980年)に関わり、これが大ヒット。メジャー公開もされ、300万円の製作費でつくった作品で、2000万円以上を稼いだのです。

しかしよいことは続きませんでした。会社組織にして2作目に取り組むも、大赤字を出し、莫大な借金を抱えてしまいます。1作目のときに「時代の寵児だね」とほめそやしてくれた周りの人たちは、借金を抱えた途端に、手のひらを返すように散っていきました。精神的にも不安定な状態になり、引きこもりがちになっていきます。

「おれはこれからどうすればいいのか」というときに、父親から声を掛けられます。

「寺に生まれた人間は何かをお返しする義務がある。おまえは何をお返しするつもりだ？」

学生の頃ならばそんな言葉は耳に入らなかったけれど、一度どん底を味わった30歳手前の秋田さんには沁みたようです。大阪に帰り、寺に入ります。

浄土宗総本山の知恩院で修行後、若手僧侶の会を主宰し、仏教を問い直すフォーラムを全国で展開していきます。都市と寺の関係性、仏教カウンセリング、インターネットと仏教などテーマは多岐にわたりました。

さらに『現代教化ファイル』という雑誌も創刊します。特集テーマは、脳死と臓器移植を題材に生命倫理を考えたり、後継者問題、布施と寺院経済、阪神大震災の仏教者たち、葬儀、墓のゆくえ、そして出家の家族論としてジェンダーにも論を広げていきました。どの号にも鋭い現場性をもった書き手が関わり、話題を呼びました。

それから秋田さんが手掛けたのは、應典院の建設です。すでにあった大蓮院の横に、塔頭《たっちゅう》を建てる計画が持ち上がり、そのプロデュースを秋田さんが一任されたのです。大方針は、「葬式をやらない寺」をつくる。その代わり、演劇ができる場にしたのです。若者の劇団にどんどん安く貸す。あるいはそこでワーキングプアの若者向けに就職講座を開いたりもしました。一言でいえば、〝イベント寺〟にして再構築していったのです。

また、「アート」で人の可能性を開いていこうとしたのも、秋田さんらしいところです。彼は「アーツなお仕事」と名付けましたが、それは芸術家になるとか、ギャラリーで働くといった狭い意味ではなく、芸術をもっと広い宇宙として捉えていました。たとえば認知症の人に音楽やダンスでセラピーをおこなう介護士、知的障害の人にコンピュータグラフィックの描画法を教える社会福祉士などがその一例です。それによって、生活の質、生き方の質を支えていく、そういう大切な要素として芸術を活用しようと考えました。

もっと芸術の力を拡張して、想像力を発揮して自分らしい仕事に就けるようにサポートしていこうという試みも始めました。

「アーツなお仕事・発見セミナー」のチラシに興味深いことが書かれていました。〈アート（Ａｒｔ）の原意は、「創意、技」。「困難な課題を巧みに解決し得る熟練した技術」という意味もあります〉

これはまさに僧侶の役割とも重なります。

寺とは「学び・楽しみ・癒し」の場であるとともに、人間の生活の質や生き方の質を支えて、変革していく「社会的芸術」の場であることに気付かされました。

これはまさに秋田さん自身の体験から絞り出された考えです。つまり、単に寺の子として生まれたから僧侶となるのではなく、明確な職業観とモチベーションを高めなければならないのだということです。「寺檀」組織の一歯車として、ただ存在するだけでなく、自分にしかない想像力を発揮できる、寺を創り出していくことが重要だと考えたのでしょう。

アーティストの役割は、いわば日常生活に埋没して、見えづらくなっている「光」と

「影」に気付くことです。そして表現によって、私たちを目覚めさせ、生きることの新しい意味、生きる力に気付かせる。

そういう意味で言えば、空海、法然、一遍、道元、日蓮といった仏教の開祖たちはみなアーティストだったのです。それに気付かせてくれた秋田さんの活動は特筆すべきです。

それ以外にも、曹洞宗ボランティア会という国際ボランティアの礎を築いた有馬実成さん（故人）などがいます。カンボジアの難民キャンプでボランティアをしていると、いろいろな難問が来るというのです。でも有馬さんはめげない。むしろ、「でかい難問が来たときほどわくわくすることはないんですよ。これで私はどう変わるか。私がこれからどんなに成長できるか。どんな知らない世界を知っていくことができるか、ワクワクする」と。

そこまで思える強さ。達人だと思います。

いかなる難問もドンと来い！　です。そういう話をひとつ知っているだけでも、もし自分が難問に直面したとき、支えになるかもしれませんし、強くなれるかもしれません。

それ以外にも素晴らしい活動をしている僧侶をたくさん知っていますが、それについては、『がんばれ仏教！』で詳しく書いたので、そこに譲りたいと思います。

僧侶自身が仏教に救われていない

『がんばれ仏教！』にでてくる僧侶の多くは、寺がいやだと言って、一回家出していま す。その経験の中から何かを見出し、新しいタイプの寺をつくり出していくわけです。

通常、お寺の子として生まれると、仏教の中で一番ノイズがない〝太陽系〟の中にいることになります。宗門大学に通って卒業すると、寺に帰る。そうするとノイズなどないわけです。仏教界という世界での評価でがんじがらめになってしまいます。

また、日本の仏教というのは、歴史をさかのぼっても儒教と対立することはなかったので、儒教的な考えが入り込んでいます。

たとえば、修行する寺に自分より一日でも早く入門した人が、たとえ自分より年齢が下でも先輩であって、その人には絶対服従なのです。

しかし同じ仏教なのに、アメリカの禅センターでは長幼の序という発想がないし、男女の序列もない。女性僧侶の活躍がめざましいのです。日本の禅宗というと、われわれは女性僧侶の顔をなかなか思い浮かべることができないし、曹洞宗でも会合にうかがってお会いするのはほとんどが男性僧侶です。坐禅をしてパンと背中を叩く臨済宗でも、女性が背中を叩いているイメージがしない。日本では女性僧侶の活躍の場が限られている気がします。

さらに、これはいちばん深刻な問題でもあるのですが、僧侶自身が仏教に救われた体験がない人が多いということです。仏教を信じていないわけではないだろうし、説教などの席で、祖師の言葉を口にしたりはするのでしょうが、その言葉が僧侶自身のからだやこころで〝消化・吸収〟された形跡が感じられないのです。

きわめて実存的な表現になりますが、多くの仏教者は、お寺という〝家業〟を継ぐためにやっていますので、衆生が経験するような苦悩を経験することはあまりないし、救われることも少ないのかも知れません。

どんな素晴らしい祖師の言葉を口にしようが、失礼を承知で言えば、〝口パク〟と言いますか、出来合いの言葉になってしまうのです。ノイズのきわめて少ない言葉というのは、人のこころに届きにくい。

だから繰り返しになりますが、いまあなたの菩提寺の僧侶に魅力を感じられないのであれば、共感できる寺づくりを試みたり、人格も素晴らしい僧侶がいるお寺などに替えるのも一つの選択肢です。

宗教とのよき循環

私たちは、葬式や法事でお経をあげていただいた僧侶にお布施をしますが、それはお経の対価ではなく、僧侶の活動にお布施をしている――少なくともぼくはそう考えています。

ぼくにも、衆生の苦しみを何とか救いたいという気持ちはあります。そういう思いでこの本も書いていますし、大学でも教えていますが、しかしそのことに邁進する時間的余裕は必ずしもありません。しかし母に浄土のことを教えてくださった酒井住職にお布施を包めば、ハンセン病の人たちのために役に立ててくれる、東日本大震災で苦しんでいる人のためにも力を尽してくれるだろう、ほかに「子ども食堂」のように子どもの貧困に関わる活動も始められたから、それへの資金にもしてくれるだろう……。世の中が明るくなったり、本当に苦しんでいる人のために役立ててくれるだろうと思います。そういう活動に仮託して、ぼくは酒井さんにお布施をするわけです。だからお布施をすることが嬉しくてしょうがない。ぼくが持っていたらまた酒を飲んで酔っ払ってしまうだけのお金が、酒井さんにお渡しすれば何倍にも生きて使っていただける。こんな嬉しいことはありません。

その酒井さん、ハンセン病に取り組み始めた頃は、患者さんから「お坊さんが来てどうするんだ?」と言われたと思います。なぜならそれまでの仏教は患者さんに対して、宗派をあげて隔離されることを正当化し、その中で感謝しながら生きなさいといった、誤った教えを説き続けていました。それは業病で、前世の行いが善くないからもたらされたと、二重にも三重にも差別を助長してきた仏教教団もありました。酒井さんにはそのことへの深い反省があったわけです。だから、最初はたいへんな思いをしたと思います。でも、それでも続けられた。

そういう活動を見ていると、酒井さんは、阿弥陀さまの力に照らされているなと思えます。「阿弥陀さんはこういうものです」といくら言葉で言ってもわからないけれど、酒井さんの生き方を見ていると、「この人は阿弥陀さんの力に支えられているから、こんなことができるんだな」と得心できます。さきほど紹介した信州・神宮寺の高橋住職にしても、『がんばれ仏教！』に取り上げた僧侶は皆、単なる社会運動をしているのではなくて、仏教に支えられているということが分かるのです。

仏教界は「お布施は葬式や法事の対価ではない。心から僧侶に差し上げるものだ」とアマゾンの「お坊さん便」などを批難しています。それには賛成ですが、ならば心からお布施を渡せるような僧侶に、お寺になってほしいと思います。仏教教団の中で「過疎」の問題は深刻で、貧しいお寺がどんどん潰れそうになっています。しかしとてつもなく裕福なお寺が貧しいお寺を助けているという話もあまり聞きません。仏教界の内側で「布施行」がなされていないところで、在家の人たちから仏教界へのお布施だけは求めているのでは、筋違いでしょう。

ぼくが菩提寺の酒井さんにお布施をお渡しすれば、ぼくが持っているよりもそのお布施が活かされるとぼくは確信しています。しかし世の中には「このお金をあの僧侶に渡したら、はたして自分が持っているよりも活かしてくれるのだろうか？」と疑念を持たされる僧侶や寺もあるというのが、多くの日本人が持っている実感なのではないでしょうか。

素晴らしいお寺、僧侶、教会、神父や牧師に出会って、そこから大きな支えを得る、生きていく勇気を得る、そしてお布施をして彼らを支えていく。「こんなに素晴らしい宗教者がいるんだ！」そして「支え合いながら生きていくんだ！」と実感できる生き方は、とても幸せなものです。それはこんな素晴らしい社会に生きている！　という社会に対する誇りにつながり、そして自分自身の支えと自由、夢にもつながっていきます。

宗教とのよき循環は、私たちの人生を劇的に変化させていくのです。

第三章 「悪魔祓い」が教えること

心臓手術から得た示唆

昨年、心臓の手術をしました。

といっても、カテーテルという細い管を入れておこなう手術だったので、からだへの負担は比較的軽いものでした。何と言っても、心臓手術が3泊4日でできる時代になったのです。

ここで面白い体験をしました。

この心臓のカテーテル治療というのは、ハイテクの粋を集めたような手術です。大腿からと首から細い管を挿入し心臓まで導きます。薬品で心臓に負荷をかけて不整脈を起こす誤った電気信号を出させて、カテーテルの先端のアンテナでその部位を特定し、別のカテーテルの先端の電子レンジのような高周波電流で部位の周りを熱で変成させて絶縁します。医師は心臓が映し出されたモニターを見ながら手術をおこなうのです。電子、電気工学、機械工学、物質工学、化学、情報工学、生命工学など、ぼくの勤務する東工大の全領域がその知を結集して治療してくれたような感覚がありました。

ところが、問題は手術のあとです。術後24時間、ぼくはベッドでの身体拘束を余儀なくされました。硬いガムテープのようなものでからだをガッチリ固定されて、これがいま思い出しても、もう二度と御免被りたいと願うほど苦痛でした。

なぜこんな目に遭わなければいけないかというと、カテーテルを挿入した部分から出血しないようにするための処置でした。ケガをしたときに応急処置として、出血部分に指を押し当ててギュッと圧迫します。あの圧迫法の大がかりな方法と言えば、わかりやすいでしょうか。

ついさきほどまでぼくが受けていたハイテク治療は、もしや幻だったのかと錯覚するほどのローテクな処置は、衝撃的でした。

この体験を通じて考えさせられたことがあります。いまぼくたちが住んでいる世界というのは、ハイテク分野では日々新しいことが起こり、カルチャーにしてもいままで目にしなかったことが次々に生まれています。しかしそれを支える部分には、普段気付かないけれども、昔から変わらない部分が根強く残っているのだ、ということです。

世の中には、古くからの言い伝えや習慣などは、科学的根拠がないといった理由で、忘れ去られてしまうことがあります。しかし何年か経って、科学的な根拠が与えられたりして、急に価値が見いだされる、いわば再評価されるということもあったりします。

たとえば、「病は気から」という言葉が昔からありました。悩んだり、考えすぎたりする人を楽にするために、もう少し気楽に考えなさいというニュアンスで使われていましたが、さして科学的な根拠はないように思われていました。

しかし、近年、免疫に関する研究が進み、精神神経と内分泌と免疫が互いに影響を及ぼしていて、強いストレスがかかると免疫機能を低下させることが、証明されました。

そもそも、こころとはどういうものか、癒されるとはどういう仕組みなのか、どうすれば幸せを感じるかということも、現代科学である程度、そのメカニズムが解明されてきてはいます。宗教がこころにどういう働きかけをしているのか、そのメカニズムを証明することは難しいかもしれません。しかしハイテク心臓手術を支える止血方法のように、宗教はこの世を生きる人びとを支えているのではないかと思うのです。だからこそ消えることなく、存続しているのではないでしょうか。

スリランカの悪魔祓い

ぼくが、いまこそ再評価されてもよいのではないかと考えているものに、スリランカに古くから伝わる「悪魔祓《ばら》い」があります。

〝悪魔〟と聞いて、眉唾だと思われる読者もいるかも知れませんが、じつは数千年前から伝わる癒しの術で、人類の叡智《えいち》を結集させたものなのです。

民族仏教としての悪魔祓いは、ブッダ（お釈迦さま）の尊い力で悪魔を祓って、元気になるという〝お祭り〟だと言えます。病院に行っても治らない病気や、精神の落ち込み、無気力などに対して、徹夜で悪魔祓いをおこないます。

著名な理論社会学者であり、東工大での同僚であった橋爪大三郎さんからは、「上田さん、悪魔祓いは仏教じゃないですよ。仏教に悪魔はいません」と言われましたが、やっているのは敬虔な仏教徒なのです。

スリランカの仏教徒は、おもに四つに分けられます。都会のエリート、都会の民衆、田舎のエリート、田舎の民衆の四つのグループです。「悪魔祓いなんか」と忌み嫌っているのは、都会のエリート仏教徒。橋爪さんのように、思想としての仏教をつきつめる人たちです。では誰が悪魔祓いをやっているかというと、「田舎の民衆」なのです。

ぼくは30年前、スリランカに2年間ほど留学していたとき、その悪魔祓いをいくつか、この目で見てきました。そしてそこで悪魔憑《つ》きになった人が回復していくさまをつぶさに見ました。１９９０年に出版された『スリランカの悪魔祓い』（講談社文庫）には20代の若い文化人類学者のぼくが悪魔祓いに出会っていくさまがフレッシュに書かれていて、ぼく自身が何か別人の物語のようにドキドキさせられます。

この方法を日本にそのまま導入するのは難しいとは思うものの、そのエッセンスを何かの形で応用することは、いまの社会にとても有用だと思うのです。

30年前を思い出しながら、悪魔祓いとはどんなものなのかを解説していきます。

ぼくを最初の悪魔祓いの現場に案内してくれたのは、留学していたペラデニヤ大学の研究室で用務員として働く男性でした。田んぼのあぜ道を歩きながら、彼は軽い足取りで、悪魔祓いを見るのを楽しみにしているようでした。

悪魔祓いの対象となった女性患者が住んでいるのは、水田地帯の一画にありました。

患者に会えるというので、面会させてもらうと、彼女は主婦で、大きな瞳が印象的な美人だけれども、かなりやつれた印象でした。服装は白装束。シンハラ人というスリランカ多数派民族が身に付けるフォーマルな民族衣装です。それのせいかもしれないけれど、幽霊のような佇まいでした。地面に立っているというより宙に浮いた感じで、視線が中空をさまよっているような不安定さがありました。患者の夫に聞くと、10日ほど前からこんな症状だと言います。

夫によれば、調子がおかしくなったのは、川で洗濯したあと。口をきかなくなり、食欲もなくなり、以降、会話は筆談だと言います。どうやら川で悪魔に襲われたのだろうというのです。地域の呪術師(悪魔祓い師)にみてもらうと、彼女に憑いている悪魔は「リーリ・ヤカー」という血悪魔で、儀礼(悪魔祓い)をして供え物をすれば去ってくれるという見立てでした。

儀礼をすることを呪術師と悪魔に約束し、その印に聖なる糸を患者の首に巻くと、彼女は少し回復しました。どうやら、供え物をもらえるとわかると悪魔は安心して、儀礼の日までおとなしく待っているのだそうです。

女性の家を出ると、すぐ近くに、儀礼に使う祭壇のようなものがしつらえられていました。

エネルギーの爆発

悪魔祓いが始まったのは夜の7時半頃でした。患者の前に悪魔への供え物が置かれていました。

呪術師が縦笛を吹き始めました。それが悪魔祓い開始の合図です。その笛の音で悪魔を呼ぶのです。それに反応するかのように、患者はむしろの上で倒れたまま、からだを震わせ始めます。さらに呪術師が悪魔を呼ぶ呪文を唱え、松明《たいまつ》が周囲を照らす中、香がたかれる。ドラマーが単調にリズムを打ち鳴らし始めると、悪魔がそのリズムに乗って、トーチの火を目指し、そして供え物へとやってくるというのです。

患者はすごい形相でのたうち回り、目は大きく見開かれ、虚空の一点を見つめる。両手を大きく振り回し、足を激しくバタつかせます。その激しさたるや、げっそりと痩せた彼女のからだのどこにそんな力が残っていたのかと驚くぐらいです。男が2、3人で取り押さえようとしても難しいぐらいパワフルでした。

呪術師は、まず患者の中にいる黒悪魔を供え物に移す儀式を始めました。黒悪魔の姿形などを表現した長い歌を歌い、呪術師はリズムにのって踊り始めます。

踊りが始まると、ようやく患者の激しい動きは収まり、呪術師の踊りに合わせて、リズムをとって踊っているようでした。一連の動きを見ていると、悪魔が彼女のからだのなかに忍び込んでいるのだということが感じられました。

ふと周りを見渡すと、村人たちが集り、その数はどんどん増えていました。最初は10人ぐらいだったのに、40人近くの村人が固唾《かたず》をのんで見守っていました。

呪術師はブッダの歌を歌い始めます。「悪魔よ、頭からでていけ」と歌いながら、手に持った棒の先を患者の頭に当てると、激しくうごめいていた彼女のからだの動きが静かになりました。

悪魔への供え物が患者の前に差し出され、彼女は赤い花びらを入れる。そして顔を手のひらでぬぐって、供え物が入った籠に触りました。

「自分の中の悪魔を供え物に移すのです」

そう呪術師が彼女に耳打ちしました。

すると、集まった村人たちが唱和し始めます。

「アイボー（長生きしてね／元気でね）」

呪術師がそれに続けて、こう叫びます。

「10の病ももうおしまい、80の病ももうおしまい。1000万の病ももうおしまい！」

次は患者に取り憑いているリーリ・ヤカー（血悪魔）への供え物の儀式です。

手順は黒悪魔への方法と同じですが、違ったのは、供え物を盛った籠の下に生きた鶏を置いたことです。鶏は血悪魔の大好物なのです。

すると患者のからだはまたしても震え始めました。目が怖いぐらいにつり上がって、見開かれています。ドラマーによってドラムが大音量で叩かれるのですが、彼女のからだにリズムを叩き込むという迫力で、彼女のからだも奇妙な動きを始めました。前後左右にうねり、人間ではない、別の生き物のようでした。

呪術師が患者に近づき、耳元で何ごとかを怒鳴りながら言うと、それに対し彼女は、ただ「オウ！（そうだ）」とだけ答えました。その次の瞬間、彼女は突然すっくと立ち上がり、踊り始めました。踊るというより、場内を呪術師に先導されるようにして駆け巡るという感じなのです。目を見開いたまま、全身を引きつらせ、飛びはね、痙攣……。リズムに乗せてからだを動かす踊りというよりも、たとえれば、火山の噴火や竜巻のような、とてつもないエネルギーの爆発でした。

彼女に取り憑いている血悪魔が、とうとう踊り始めます。

突然、演奏が止まり、患者も動きをやめました。呪術師は彼女の前に立ち、イーガハの棒を彼女の頭にかざし、大声で叫びます。

「おまえはブッダの権威を認めるか？」

「オウーッ（はい）！」

「おまえはダンマ（仏法）の権威を認めるか？」

「オウーッ！」

「おまえはサンガ（僧集団）の権威を認めるか？」

「オウーッ！」

患者の声は、とても主婦のものとは思えないほど、太く、甲高い耳触りな声でした。しかも力と威厳に満ちている。次の質問で正体がわかります。

「ここにいるのはどの悪魔だ？」

「リーリ・ヤカーだ！」

いつからだに入ったか、入った理由などの尋問が始まり、それがひとまず終わると、呪術師は悪魔にこう語りかけた。

「きょうは供え物を取ったら去るな？」

「去る！」

「何時に去る？」

「3時半だ！」

悪魔に時間感覚があるというのも、なんとなく笑える話なのですが、それでも村人は総立ちで見守っていました。ひと通りの問答が終わると、村人たちも緊張が解けたのか、へなへなと地べたに座り込むような、脱力感が会場を支配しました。患者もぐったりと寝転んでいる状態でした。

しばらくすると、患者は落ち着いてリラックスし、目つきも少し穏やかになりました。足取りも不自然さがかなりなくなっていました。

そのとき午前零時。４時間半も経っていました。真夜中だというのに、村人たちの数はさらに増え、70人ぐらいになっていました。

日付がかわってからしばらくは休憩タイムです。悪魔祓いを催した彼女の家が、村人たちをもてなす時間となります。彼女の夫や親戚が、タバコやバナナ、ビスケットなどを載せた盆を手に、呪術師や村人たちに振る舞っていました。

悪魔祓いの日は、とにかく豪華な食事が村人たちに用意されます。日常食べているのは、水分がやたら多く、豆などの具が少ないカレーを食べていますが、悪魔祓いに行くと、尾頭付きとまでは言わないまでも、魚が入ってスパイスもしっかりしたカレーとか、野菜カレーもたくさん食べられます。日本人の感覚で言えば、毎日おしんこと味噌汁とアジの干物が一つ、といった質素な食事をしているなかで、その日は結婚式の披露宴で並べられるような食事が振る舞われるイメージです。

悪魔祓いのために集まっている人の顔を見ると、あまり暗い顔をしている人はいません。みんな屈託なく世間話に花を咲かせています。時折、笑い声も聞こえてきます。悪魔祓いの場は社交の場でもあるのです。それに、その日に来なければ、「アイツが呪いをかけたに違いない」といった噂を立てられかねないので、出席率は高いのです。

笑い声が絶えない会場の中で、患者はぽつんと1人で座っていました。家族は村人への接待に忙しいし、村人も、まだ悪魔が祓われていないので、彼女にあまり近寄りたくないのでしょう。

呪術師vs.悪魔

午前2時前、儀礼が再開されました。悪魔が去ると約束した時間まであと1時間半です。

呪術師の踊りから始まりました。優雅な舞いから、徐々に激しさを増していきます。独楽《こま》のように回ったり、力強くステップを踏んだり。そのうち患者もその激しい踊りに刺激されるように、からだが震え始め、足の痙攣も加わり、そして手を上に突き上げる動作も重なってきました。さらに場内を駆け巡りました。

再び先ほどと同じような内容の、呪術師と悪魔の問答がおこなわれ、それが終わると、場内に巨大な供え物が運ばれてきました。「ダワハラ」と呼ばれるもので、言い伝えでは悪魔はこの供え物と一緒に立ち去るというのです。

そのダワハラがある場所に、呪術師の弟がむしろを敷き、その上に横になりました。これは何かと思っていたら、アバマンガレ・リーリ・ヤカー（葬式の血悪魔）への供え物だというのです。この葬式の血悪魔というのは、数ある血悪魔の中でももっとも強力で、人間の死体が大好物。したがって、呪術師の弟が「死体の役」になって、悪魔を呼び寄せるわけです。

「アーポー、アーポー、なんで死んじゃったんよう！」

突然、村の男たちが一斉にそう叫び始めました。

「戻ってきてくれよう、お父ちゃん。俺だけを置いてかないでくれよう！」

「アーポー、アーポー、悲しいよう」

〝死体役〟の男性が本当に死んだのだと、血悪魔に思わせるためなのですが、みんな迫真の演技です。事の次第を知った村人からすると、葬式のパロディなので、思わず吹き出して笑っている人もいます。

悪魔はほんとうに騙されて去ってくれるのだろうかと思っていると、一緒に来てくれた大学の用務員さんが手招きする。なんだろうと思って行くと、家の中に来いというのです。ランプの光で照らされた薄暗い部屋に入ると、そこには人の半分ぐらいはあると思われるわら人形が置いてありました。よく見ると、そのわら人形には火のついたトーチが刺してありました。この人形が患者の身代わりになるわけです。

会場に戻ると葬式は終わっていました。呪術師はぼくに時刻を確認し、3時15分だとわかると、終盤の儀式に移りました。

笑いと陽気さが充満する

ついに会場から離れる儀式の始まりです。村人たち6、7人が供えてあった大きな供え物であるダワハラを持ち上げました。そのうちの一つの籠を患者に渡し、頭の上に乗せるようにしました。そして呪術師は、患者を先導して儀礼の場を離れていきました。

真っ暗な坂道を、懐中電灯を頼りに下っていく。患者も一緒に転ばないように坂道を歩いて行く。すると平坦な空き地に到着しました。

患者の頭の上にはまだ供え物の籠が一つ見えます。それ以外の供え物は、スタンドの上に乗せられ、その上にわら人形が乗っかっています。それに火が放たれ、わら人形は炎に包まれました。

するとドラマーは激しいリズムを打ち鳴らし始めます。患者のからだもまた震えがきて、彼女も激しく踊り始めました。呪術師が先導して、彼女は何度も燃える供え物の周囲を走りました。足元が悪いなか、体力もかなり消耗していると思われますが、力の限り踊り続けていました。倒れ込んでもおかしくないぐらいの凄絶な踊りでした。

悪魔が去る時刻が来ました。呪術師の助手が、彼女から供え物を奪い取り、呪術師と彼女は暗闇に向かって疾走し始めました。

行き着いた先は小川。

呪術師は、ブッダの絵を患者に見せながら、

「このお方が見えるな」

と言いました。そしてこう続けたのです。

「この方に約束できるな。それならあとについて言うがよい。〝リーリ・ヤカーは〟」

「リーリ・ヤカーは」

「〝これから去ります〟」

「これから去ります」

そのあとも、呪術師の言葉を復唱していきました。

「もう戻ってきません」

「もうこの病は起しません」

患者は、同じことを3回繰り返すように促されました。つまり悪魔は、患者のからだから去り、二度と病をもたらさないと誓ったのです。次に呪術師が水瓶《みずがめ》に呪文を唱えると、患者は突然「フーッ！」と叫び、両手を高く差し上げます。その直後、その水瓶の水を彼女の頭の上から注ぐと、水はからだの上を流れ落ち、小川の流れに消えていきました。

水瓶の水とともに悪魔は去ったのです……。

悪魔祓いを終えてわずか20分程度しかたっていなかったのですが、患者がどんなふうになっているかが気になりました。

見に行くと、その変化に驚きました。中空をさまよっていた視線は正常に戻り、宙に浮いた印象の足取りもしっかりしていました。白装束から短い丈のピンクのブラウスに着替え、落ち着いた様子。小学生の息子と娘と一緒にいて、まさに見違えるようでした。

注目すべきは、一変したのは村人たちも同じでした。儀礼も終わったので、何が始まるかと思ったら、お笑い演芸大会です。夜明けまでの2時間おこなわれるのだというのです。

仮面をつけた〝悪魔一座〟によるお笑い演芸会の始まりです。悪魔が火のついたトーチを回しながら踊りまくる。次の悪魔はコメディアン。悪魔が繰り出すギャグで会場は大爆笑。それ以降、違う悪魔が入れ替わり立ち替わり登場し、ダジャレや下ネタを連発して、村人たちを笑いの渦に巻き込んでいくのでした。徹夜で寝不足のはずなのに、なぜか陽気なエネルギーが村人たちに充満していました。

患者だった彼女も笑っています。「ほら、笑ったぞ」と村人が言ってそれをみんなが見るという光景が広がりました。孤独だった彼女は村の中に再びとけ込み、子どもたちと一緒に笑い合える母親になっていました。

それにしても、恐ろしかった悪魔の正体は、おバカなひょうきん者だったというオチの付け方が、悪魔祓いが癒しの術だと言われるゆえんでしょう。

「悪魔祓いで必ず助けられる」という価値

これが、スリランカの悪魔祓いの一例です。

憑く悪魔によって、いろいろな祓い方がありますが、村人が駆けつけ、そして最後はお笑いの催しがおこなわれるという構成はほぼ変わることはありません。

この悪魔祓いには、いくつかの重要なポイントがありますので、整理していきます。

まず、この悪魔祓いは、悪魔憑きになった人がどう回復していくかにスポットが当てられがちですが、もう一つ重要なポイントは、それを見に集まっている、たくさんの村人です。こうしたことは秘め事なので、人知れずやるのではないかと思われた読者も少なくないと思います。しかしスリランカの悪魔祓いは、村人が集まる中でおこなわれるからこそ、よいのです。

注目すべきは、患者だけでなく、見に来る村人にも癒し効果があることです。先に紹介した悪魔憑きになった主婦は、呪術師によって敏感に感応して、からだを震わせたり痙攣させたりしていました。

こういう姿を目の当たりにすると、観衆である村人にもその興奮や感情が伝染して感応しあうことで、会場は異様なエネルギーが生まれるし、それが癒しになるのです。たとえば、浄瑠璃や歌舞伎の演目である『曽根崎心中』のラストを見ながら、観客は感動し泣きます。会場全体にある種のカタルシスが生まれ、観客はこころを洗われ、救いを感じる。そこに類似点を見いだすことができます。

もうひとつとても大事なことがあります。それはこうして一度は悪魔憑きになってしまっても、悪魔祓いをすれば治って、また明るくなれるんだ、というストーリーが目の前で実演されることです。悪魔祓いを繰り返し子どもの頃から直に見ていれば、こころのどこかに安心感が生まれていきます。人生どんなに苦しんでも、こうやって村人が集まってきて、悪魔祓いの儀式がおこなわれて、必ず助けられる。人間どんなに苦しんでも、回復するものなんだということが、肌身に染みついていくのです。

片や、日本はどうか。残念ながら逆の現実が進行しているような気がします。

一度でも学校でいじめられたら、もうそれでおしまいだよと言われたりします。一度、体調不良になって、不登校になったりすると、もうアウトだよとか。いじめから避難しようと転校しても、転校先の知り合いにSNSで「○○って子、そっちの学校に行くけど、よろしく」とか書かれて、いじめが持続したとしたら、せっかくの青春時代が台無しになってしまいます。

勉強にしても、小学校や中学校の受験に失敗したら、親や塾の先生から「遅れを取り戻すのはたいへんだ」とか「取り返しがつかない」などと言われたり、社会人になっても、失敗した事実を口にしにくかったり、病気をしたり、長い期間入院したりすると、「終わった」と言われたりする。

救われる場所がないわけです。

そうなると、どういう行動にでるかといえば、リストカットといった自傷行為に走ったりする。ビジネスマンであれば、アルコール依存症になったり、ドラッグに走ったりする。

いちばん危ないのが、誰でもいいから殺したくなるというタイプの反応です。俺はちっぽけな存在だ、俺のことなんか誰も相手にしてくれない……などと、社会を呪いながら、無差別殺人に及んでしまうケースがあります。

あのような事件をニュースなどを通して日常的にみていると、「人は誰でも殺したくなるときってあるんだ」という悲劇的なストーリーがいつの間にかこころの中に沈殿していきます。

〝キャナライズ（水路付け）〟という言葉があります。つまり、たとえばモヤモヤした気持ちをどういう水路で解決していくかということは、文化である程度決まっていると言われます。

スリランカの、先ほどの農村地帯の場合ならば、悪魔憑きになったら悪魔祓いをすることで回復する。「病むこと」と「癒し」がワンセットになっているわけです。

しかし日本は、病んだらリストカットする、大人なら会社に出られなくなる、というように、癒しがセットになっていない不幸があります。そして最悪なのは「誰でもいいから殺したくなる」というイメージが知らぬうちに心と身体に染みこんでしまうことでしょう。

見ているだけで、癒される

さらにもう一つ、悪魔祓いがもつ重要な点は、悪魔憑きの人を増やさない予防的な効果があるところです。病みやすい人は、いわば〝炭鉱のカナリア〟のような存在だということです。弱い人に悪魔は憑きやすい。

倒れる人がいるのは、その人が所属する社会やコミュニティに何らかの歪みが生じているサインであるということです。それは職場やコミュニティのあり方を見直すよいチャンスでもあります。問題が大きくならないうちに、改善しておけば、予防につながります。前記したように、観客として見ているだけでも、癒し効果があるのです。

スリランカの人たちは、「孤独な人に悪魔が憑く」と言います。そして「孤独な人に悪魔のまなざしが来る」と言います。つまり周りの人から愛情深いまなざしを受けているときには悪魔は来ません。しかし人生の中で、周囲のまなざしが厳しいものになることがあるというのは、誰でも知っていることでしょう。日本社会でもそんな状況はたくさんあります。テストの点数が悪くなって劣等生のレッテルを貼られる。クラスでいじめにあい、みんなから無視される。汚いとかくさいとか言われる。幼稚園のママ友の会合になぜか自分だけ声がかからない。会社で失敗をしでかし、皆から白い目で見られる。そう、ぼくの若い頃のように、大都会の雑踏を歩いていても、こんなにたくさん人が居るのに誰も自分のことなど気にかけてくれる人はいないと、深い孤独感に悩んでしまう。そんなときに悪魔のまなざしがやってくるのです。

だから、悪魔祓いには村人の参加が必須なのです。村人が集まるのは、患者にとってはとても嬉しいことです。離れた村から親族のおじさんおばさんもつめかけてくる。甥っ子のお前が心配でやってきたぞ。孫の応援にかけつけてきたぞ。自分のためにこれだけ多くの人が集まってくれている、その思いやり、あたたかさを感じ、村の人たちや親族は自分を支えてくれる味方だったのだということに気づけるからです。これほど嬉しいことはあるでしょうか。自分を見る目はみんな厳しいと思っていたけれど、みんな仲間だったのだ。それは患者本人が立ち直る力になるし、再発予防にも効果があると思います。

村人たちは、美味しい食事と楽しい演芸会目当てで来ている部分もあるのだろうけれど、悪魔祓いになくてはならない役割も果たしているのです。悪魔祓いを一つの劇だと見立てた場合、村人はキャストとして機能しています。「死体役」の男性が死んだと悪魔に思わせるために「悲しいよ」と合の手を入れたり、悪魔祓いを成立させるための役割をみごとに果たしているわけです。

悪魔祓いの深層に流れている気持ちは、ブッダが言ったように、人間は誰しも四苦八苦からは逃れられない、いいこともあれば、悪いこともある。だから、そういうときには、みんな、琴線を触れ合わせて、ともに支え合っていきましょうということなのです。それによって、「ああ、生きていて良かった」とか、「神や仏もあるものかと思ってきたけど、神や仏はいるものだなぁ」という気持ちになれたら、安心感をもって生きられます。

そうしたセーフティネットを感じながら生きていける人間と、事業が失敗した途端に、神や仏もあるものかと、一気に転落してしまう人間では、ずいぶん違った一生になっていくような気がします。

「慈悲」のこころ

悪魔祓いは民俗仏教の儀式だと書きましたが、儀式の中でも随所にブッダがでてきました。つまり仏教の教えに貫かれた儀式なのです。

仏教では、人生は思いどおりにならない中でも、生きていくことなのだと説かれています。それを示した仏教説話があります。

「四門出遊」という説話です。ブッダが若いころ、城の門を出てみたら、こっちで老いに苦しんでいる人がいて、あっちで病に苦しんでいる人がいて、他にも誰かが死んだと言って、泣いている人がいる。門を出てみると、そこには修行が成就して、悟った人がいた。なるほど、城を出てしまうと、生老病死の中でも、とくに「老病死」というのに囲まれているのだなということを知るわけです。その中で、魂の道を求めていく。その中で解脱できるのだなというところで、家出するわけです。

仏教とは、苦悩をご縁に変えていく装置なのです。

ただ、仏教の教義的な意味として、苦悩について多く説かれるのは、次のようなことです。

すべては「諸行無常」で、どうしようもないことだから、苦悩があってもあきらめなさい。悩んでいても、しょうがない。老病死もしかたのないこと。老いないように、病がないように、死なないようにと、誰もが望むかもしれないけれども、それはあなたの煩悩であり、執着なのだから、それを捨てきり、あるがままに受け入れる。煩悩や執着がなくなれば、それで苦しみがなくなります……。

ただ現実問題、老いる、病になるといったことについて、それをあきらめなさいと言われて、すぐにあきらめられるでしょうか？ もし大切な両親が亡くなった、自分の娘が若くして死んでしまった、というような状況に置かれて、「いや、それも無常ですから」と、簡単にあきらめることは至難の業です。「無常」だけを強調する教義というのは、やや学者的で冷たいのではないかという気がします。

仏教が教義的に唱える、物事の捉え方には二つあって、すべてのものは移ろっている、変化している「諸行無常」のほかに、すべてのものがつながり合っているという「諸法無我」があります。

また、実践の中心に置かれているのは「慈悲」です。つまり、苦しみに対しては、人びとが助け合っていく。苦悩にうちひしがれる人に接して、慈悲をかき立てられ、その人をなんとかしたいと思う。

仏教には、上座部仏教と大乗仏教があって、日本にある仏教は大乗仏教です。上座部仏教というのは、僧侶が黄色い衣を着ている東南アジアを中心とした仏教。そこの僧侶たちは涅槃（ニルヴァーナ）に達することを目標に修行しています。民衆は、そうした僧侶を支援しながら、徳を積み、来世によき転生を願っていくという仏教です。

それに対し、われわれの大乗仏教の目指すのは、すべての人間は仏になっていくということを目指します。われわれ民衆一人ひとりは菩薩であるという教えです。菩薩というと、このぼくが？　こんな私が？　と意外に思うかもしれませんが、大乗仏教でいう菩薩とは、衆生の苦しみをなんとしても救いたいという願いを持って、いろいろと助けていく人のことです。

菩薩でよく知られているのは、千手観音菩薩ですが、あの千の手で人びとを救って救って救いまくる。ぼくたちはそのように手を多くもたないけれども、菩薩道を実践する者としては、苦悩する人がいれば救いの手をさしのべていこうということです。

『雨ニモマケズ』の中で、宮澤賢治が書いています。

東に病気の子供あれば　行って看病してやり　西に疲れた母あれば　行ってその稲の束を負い　南に死にそうな人あれば　行ってこわがらなくてもいいといい　北に喧嘩や訴訟があれば　つまらないからやめろといい……

と、ここまでは具体的なサポートの内容が書かれているのですが、印象深いのは次の一節です。

日照りの時は涙を流し、寒さの夏はおろおろ歩き……

日照りで作物の栽培がたいへんなときには、雨の一粒にもならないけれど涙を流すだけでいい、冷害の夏には、ただ無力におろおろと歩くだけでもいい。つまり、具体的に何もできないけれど、一緒に困った困ったとおろおろしてくれる人がいるだけでも、人のこころを癒したり、なぐさめたりすることができる。それは重要だということです。

自分の中にも仏心と慈悲があることに気がつくというのが仏教であるとすれば、苦悩をしかたのないものだと、ただあきらめるのではなくて、苦しんでいる人がいたら、おろおろしてこころに寄り添うだけでもいいから、手をさしのべる行為がとても重要なのだということです。民衆の苦しみをなんとしても救いたいという意志を持った菩薩になることを目指していきましょう、という教えなのです。

ブッダのおぼしめし

有名な仏教説話の中に、「キサーゴータミー」という女性の話があります。

ブッダが、弟子たちと一緒に、インドのある都市で投宿していたとき、キサーゴータミーという若いお母さんが赤ちゃんを抱いてやってきました。しかしその赤ちゃんはすでに亡くなっていました。

彼女は、ブッダという、何でも望みをかなえてくれる、大変な先生がいらっしゃるという話を聞きつけて、ブッダのもとに足を運びました。ブッダに会うと、「赤ちゃんが死んでしまった。赤ちゃんを生き返らせてください」とお願いしました。

ブッダは、「わかった」と言いましたが、一つ条件を出しました。

「この町の家を一軒一軒回って、1人も死者をだしたことがない家がみつかったら、その家の人からケシの実を一つもらってきてください。そしてケシの実を三つ集めて私のところに持ってきてくれたなら、あなたの子どもを生き返らせましょう」

キサーゴータミーは必死になって、家を回りました。しかし死者を出していない家など一軒もありませんでした。もちろんケシの実など一つも持ち帰ることはできなかったのです。

彼女はブッダに言います。

「どこにも死者を出していない家などありませんでした。愛する人の死は、誰も避けることができないものなのですね。死ぬというのが定めなのですね。世の中は無常だということに気がつきました。私はあなたのおっしゃりたいことがよくわかりました。だからあなたに帰依します」

そうして弟子になったという話です。

さて、この話をどう捉えるか。

きわめて学者的な解釈の仕方をすれば、前記のような内容でいいと思います。

〝人はみな死ぬのだから、そんな苦しんでいたり、悲しんでいても仕方ない。その執着は手放さなくちゃいけない。一軒一軒聞いて回って、人間というものは、無常だって気がついたでしょ〟

しかし、ほんとうにその解釈でいいのだろうかと、ずっと腑に落ちない思いがぼくの中にありました。ブッダはある意味残酷なことをしているわけです。最愛の子どもを亡くした母親に、家を回って、聞き込みをさせて、しかもケシをもらってきなさい、と。

高野山大学の教授をしている友人の井上ウィマラさんから、貴重な解釈を聞くことができました。それは、

「あの説話は無常を説いたものではなく、〝慈悲〟をテーマにしたものなんですよ」

死んだ子を抱えた母親から、「お宅には死んだ人はいますか？」と尋ねられて、「誰でも人間というのは死ぬものなんだよ」とか「あんただけが身内を亡くしているんじゃないんだよ」などとは言わないと思うのです。

むしろこんな話を聞かされたのではないでしょうか。

「いやぁ、この前、うちもお祖父ちゃんが死んでね。もう90歳近い大往生だったけれども、それでも、やっぱり悲しいもんだよねぇ。生きているときに、あれをしとけば良かった、これをしてあげれば良かったと、後悔ばっかりするもんだよ。でも、あなたは、赤ちゃんが亡くなったというんだから、さぞかし悲しいだろうね」

あるいは、

「私も赤ちゃん、亡くしたことがあるんだよ。それから3、4年は、もうその子のこと

ばっかり考えちゃって、落ち込んでいた。でも、その赤ちゃんの分まで生きていかなきゃいけないなと思ったし、そのあとで生まれたのが、この子だけど、この子が亡くなった子の分まで生きているんじゃないかなと思ってね。いまは家族で、亡くなった子のことは引き受けて、こうやって生きてるんだよ」

そうした琴線に触れる話を、訪ねていったおうちで聞けたのではないか。

「人間は無常だ」で終わらせず、家々を回るのだと指示したのは、無常を共に抱えながら、助け合って、生きていくことの大切さを教えたのだと思うのです。苦しみというものを、分かち合いながら、励まし合いながら、生きていく……そのことにブッダは気づいてほしかったのでしょう。

この説話は、前記した「仏教は苦悩をご縁に替えていく」ということにもつながりますし、悪魔祓いとも共通点があります。

もう一つの共通点は、「村人たちの助け合う心の中に、仏さんがいる」ということなのです。慈悲のこころ。そこがおもしろいところなのです。

第四章　祭りとこころ

日本の悪魔祓い的なるもの

日本にも悪魔祓い的な要素を含んだものはないでしょうか？

まったく同じとは思えないかも知れないのですが、四国のお遍路に似た部分があるような気がします。

四国のお遍路では、寺を一つひとつ巡礼し、「般若心経」を唱えて、88カ所の納経帳に書いてもらうのですが、バスなどは使わず、歩き遍路をしている人の場合、

「仏は寺にはいない。寺と寺のあいだにいる」

とよく言われます。つまり、遍路のルートに当たる場所に住んでいる人たちの中に仏さんがいるということです。つまりお接待の文化を指しているのです。

歩いていると、「このミカン、食べなさいよ」とか、「きょう、うちに泊まっていかないか」とか、「ちょっとここに休んでいけ」といった言葉を頻繁にかけられます。お遍

路をしている人は同行二人、つまり弘法大師さんと一緒に歩いています。ですからお接待もその人とともにお大師さんに向かって言っているわけです。まさに仏心というか、人間を助けるこころが寺と寺とのあいだの道のりにあるわけです。

お遍路を歩く人は、だいたい何か人生で悩んでいることが多いのです。寺と寺とのあいだを歩きながら考えている。これからどう生きようかとか、なんで私の娘は死んじゃったんだろうとか……。

地元の人たちは、そういうことを心得ているので、だからその人たちに向かって、接待をするのです。

仏さんが寺にいて、そこの寺に巡礼することで癒されるというと、精神科医にかかるのと少し近いような気がしますが、寺と寺のあいだ、つまり民衆の中にいるとなると、悪魔祓いに近いと思うのです。つまり、接待をしている人も救われるわけですから。

人を助けるという行為は、自分がここにいて良かったのだと自己肯定できる良さがあります。助けられるのも嬉しいけれど、「あなたのひと言で、なんか乗り越えていけそうです」などと言われたら、有頂天になれるかもしれません。

地域の祭りも、悪魔祓いとやや似ているかもしれません。その地域に住んでいれば、否応なく神輿《みこし》を担がなければいけない。たとえ仕事で東京、名古屋、大阪などに出てきていても、祭りの日になると、有給休暇をとって帰省する人がいます。そうしなければ生きている気がしない、と言っているのを聞いたことがあります。でも、ぼくは思います、そういう祭りを一年に一回でもやれる場がある人は強いと。

それは、なぜなのか。歴史をたどれば、人間にとって祭りは、なくてはならないものだったのです。

農耕社会という大きな変革

時代は採集狩猟時代にさかのぼります。

採集狩猟社会というのはかなり長いあいだ続いたのですが、徹底的に平等社会だったわけです。そして貧富の差が全くなかった。このところ、採集社会の中でも保存食があったりする社会では階層分化があったのではないかという見方が出てきていますけれども、50人から100人ぐらいの非常に小規模な集団で、移動生活をしていたと言われています。つまり、一つの場所で作物などを採り尽くしてはいけないので、移動するわけです。

そうした生活になると、基本的に蓄積はしません。現代人のように、本が家に500冊あるなどという生活はありえないし、家具類に関しても、ほとんど持たない。働く時間も非常に少ないのです。なぜならば、自分たちが食べるものさえ確保しておけば良いからです。人口も少なく、恵まれた環境の中で採集狩猟をしているので、意外といいものを食べていたそうです。

ところが農耕社会に入りますと、身分が分化していきます。田畑を耕そうとすると、定住することになりますが、定住するということは私的財産を貯め込めるわけです。とくに米や麦などは貯められるので、手練手管《てれんてくだ》でそれを差配する人間が現われます。

穀物栽培をする場所からは、巨大文明が生まれやすくなりますし、戦争も起きやすくなります。それは、米など穀物は遠くに運びやすいからだと言われます。日本でも縄文時代の遺跡からは、ほとんど完全な人骨が発掘されるのですが、弥生時代に入って農耕が始まった途端に、発掘される人骨が壊れているのです。戦争をしていた証拠ではないかと思われます。

この頃には、自分や個人よりも身分の方が重要になってくる。ですから戦争も、地位や名誉をかけておこなわれることが増えてきます。

農耕社会になった途端に大きく変わった点をもう一つあげるとすれば、時間感覚です。種をまいてから収穫までに時間がかかります。採集狩猟社会はいわば〝その日暮らし〟ですから、その日に採れたものを食べていく。未来のために何かを蓄えておくという発想はないわけです。

それに対し、農耕社会というのは蓄えることができるので「勤勉」が説かれるようになります。

すぐに収穫されないわけですから、未来のある一点の目的（収穫）のために、今日やりたいことを我慢し、労働するという形態になります。つまり種をまけば、収穫をするまでのあいだは、ひたすら労働をするわけです。

「アリとキリギリスのどちらが偉いか」

という質問に答えるとすれば、どうでしょう。採集狩猟社会であれば、キリギリスでも生きていけるけれども、農耕社会でキリギリス的な生き方を通そうとすると、ひどい結末が待っています。だからアリのように、我慢してひたすら労働に励むのです。

「疎外」される人間

じつは、この状況というのは、本来人間にとって、非常にきついものなのです。

ここで少し解説を加えます。

人間の疎外形態は二つあります。一つは「目的からの疎外」、もう一つは「目的への疎外」です。

たとえば、お金から疎外されている状況は、すなわちお金がないということを意味します。

一方、お金への疎外というのはどういうことかと言えば、次のような会話が思い浮かびます。

たとえば誰かと話をしていて、「きょうは君と話ができて楽しかった」と言っているのに、同席していた1人が「そんな話をしたからって、一銭にもならない。どうせなら、その時間をバイトに充てたほうが儲かったし、有意義だった。ああ、無意味な時間だったよ」と言ったとしたら、同席していたその人は、「お金への疎外」状態でしょう。言い換えれば、お金以外に重要なことは世の中にたくさんあるのに、すべてをお金で判断してしまうようなタイプと言えます。お金の方向に生きることが疎外されてしまっているのです。

縦横の線で、漢字の「十」を書いて、マトリックスをつくります。そこに四つのタイプのお金との疎外状況を書き入れていきます。どれがいちばんハッピーか、を見ていきましょう（図）。

1　お金への疎外があって、お金から疎外されていない人。つまり、「世の中、金だよ、金だけが大事なんだよ」と言いながらお金持ちのタイプ。成金の人とかに

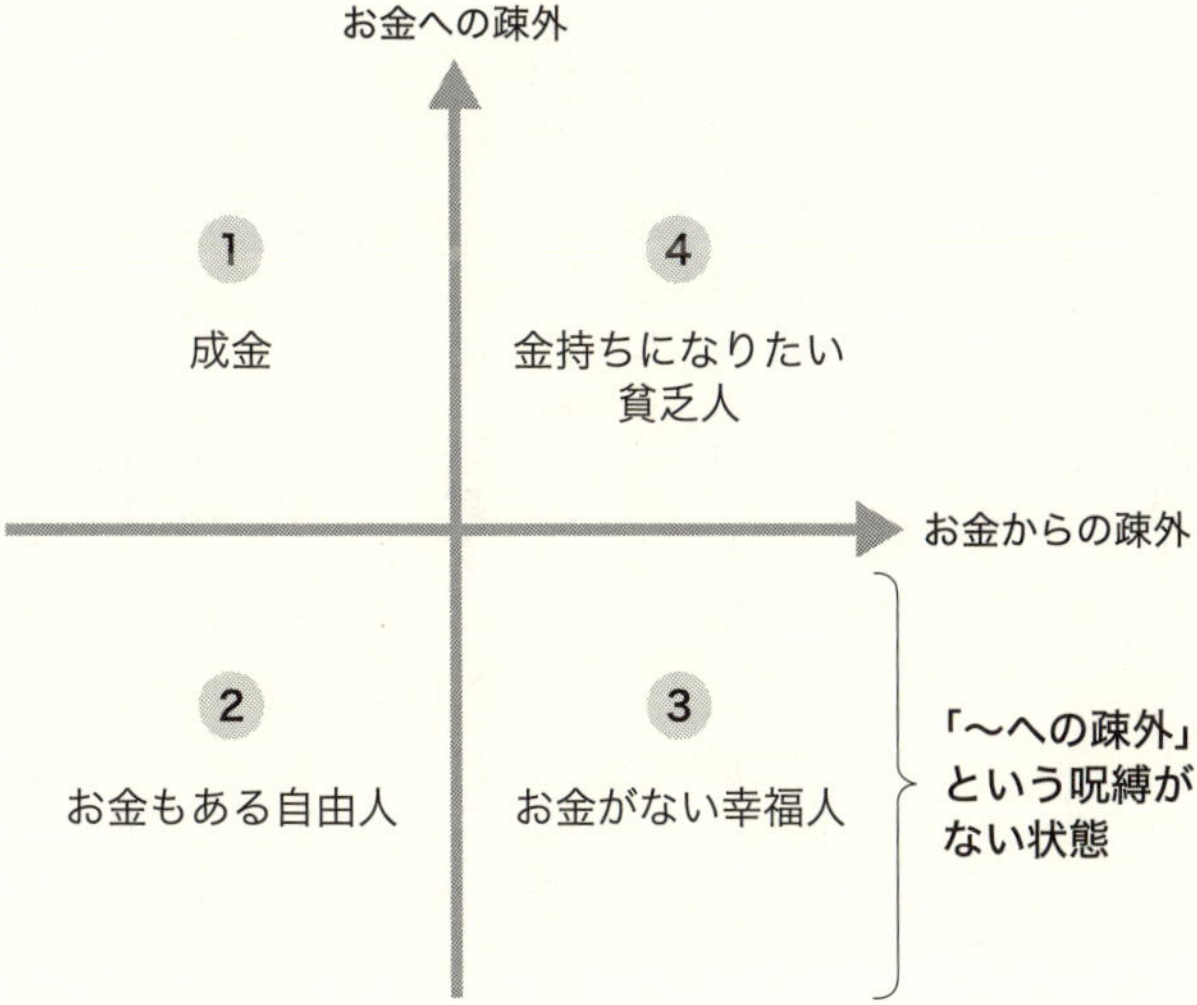

多いタイプです。

2　お金への疎外がなくて、お金からの疎外もない人。つまり、「お金がすべてじゃないってことぐらいわかりきったことじゃないか。もっと豊かなものが人間にはあるから、それを楽しまなければ」と言っている人であるにもかかわらず、実は大金持ちの人。まあ幸せだと思いますが、ちょっと嫌みですよね。

3　お金から疎外されているけれども、お金への疎外がない人。つまり、「人生、お金だけではないと思っているし、ぼく自身、決してお金持ちではないけれども、そこそこ豊かなものを持っています」というタイプ。こういう人は、イケていると思われるかもしれません。

4　お金から疎外されていて、なおかつお金への疎外のあるタイプ。「全ては金なんだよ」と、いつも言っているにもかかわらず、実際には貧乏な人。これが一番悲惨な人かもしれません。

このお金の話に宗教を結びつけて考えていくと、面白いことがわかります。宗教というのは、お金や地位への疎外という呪縛を解いてくれる働きがあると思うのです。たとえばこんなふうに。

〈世の中というのは、お金とか地位とか、そういうものだけではないですよ。もっといろんな豊かさがあって、こうして生かされている。そのことに感謝しながら生きるということが、どれだけ豊かな人生か。もし、お金に苦しんでいる人がいたら、手を差し伸べてあげてほしい。あなたにとって一銭の得にもならないかもしれないけれど、それが本当に幸せなのです。お金への疎外、地位への疎外というものから解き放たれることによって、お金から疎外されようがされまいが、ある一定の幸福感に導かれていきます〉

喜びを後回しにされる農耕社会のツラさ

さて、農耕時代の話に戻ります。

その日暮らしで楽しくやっていた採集狩猟社会の人が、農耕社会になって、急にアリさんのようにさせられるわけです。これは、いまこの時代を生きているわれわれともよく似ているのですが、「目的への疎外」があるのです。

子どもを例に考えていきましょう。

例えば中学校でバンドを組んで音楽をやりたいと、親に言ったとします。多くの親は、こう言うでしょう。

「あんた、そんなことをやってると、いい高校に入れないわよ。（アリさんのように）ちゃんといま、勉強しなければ、いい高校に入れないんだから。バンドをやるんだったら、受験に成功してからでいいじゃない」

さあ、希望の高校に入ったとします。子どもは、もうバンドやってもいいよねと、親に言うでしょう。しかし、またしても親からこう言われる確率は低くありません。

「そんなことをしていると、あなた、いい大学に入れないわよ」

先ほどのセリフの「高校」を「大学」に置き換えただけで話は成立します。さらに、こんな言葉もオマケとして付け加えられるかもしれません。

「あなたが今ここにいるのは、いまを楽しむためではなく、大学受験をパスするためにあるのだということを知らないの?」

またしても、自分のやりたいことの先延ばしです。完全なる「目的への疎外」です。

では、大学に入ってしまえば、バンドをやれるかというと、この世の中、事はそれほど簡単に運ばない。大学に入ってしまえば、モラトリアムという学生もいるかもしれませんが、いまみたいに就活が前倒しになってくると、いい大学に入ったとはいえ油断はできません。ダブルスクール、つまり学部の授業の他に、専門学校でも何らかの資格を取っておかないと、就活を勝ち抜くことはできないというわけです。

ついに社会人になりました。誰に言っても恥ずかしくない会社に入ったから、これで心置きなく、好きなことをやってもいいよなと思いきや、そんな暇はない。

「キミ、ちゃんとノルマをこなしてもらわなければ、会社にいづらくなるよ。昇進・昇給も期待できないよ」

と釘を刺されたりするわけです。

このように、常に、いまここにいるということの意義が未来の目的を達成するためなのだと、常に「目的への疎外」を経験することで、私たちはいまを楽しめなくなっていきます。いまアリとして生きていく、その目的を達成する生き方をすると、こころから楽しめる時間は非常に少なくなってしまうのです。

高校や大学の受験をクリアした、いい会社に就職できた……と、一瞬だけ喜んでいるのだけれど、絶え間なくアリとしての日々を突きつけられる。

目的への疎外をされているが故に、人間というのは色々な文明を生み出してきたというのは疑いのないことです。目的への疎外がなければ、立派なビルも建っていなければ、道路や電車などの交通網、スマホといった通信機器もなかったでしょう。これを完成させることで、人生が豊かになれる、生活が楽しくなるという明確な目的をもっているからこそ、達成できたのです。

しかし、よく考えてみなければいけないのは、われわれはそうした目的を達成するためだけに生きているのかということです。そうではないはずです。本来は、日々を楽しいと感じるために生きているわけですから。

採集狩猟社会と農耕社会を、「楽しさ」や「豊かさ」という尺度で比較した場合、前者の時代は、みんな生きている人たちが平等な仲間だったわけです。ところが後者、農耕社会になると、階層化が進み身分の上下関係ができたことで、利害の対立が起きました。

同じ階層の中でも、競争が生まれます。たとえば水をめぐる争いです。川から水田に水を引いている場合、朝、自分の水田に行ってみたら、水が流れ込んでいない。水路をたどってみると、近くの水田を耕している人が他へいく水路を遮断して、自分の方に引いていることがわかります。まさに「我田引水」です。話し合いで解決しない場合には、言い争いになったり喧嘩になったりする。隣人もある条件になると、敵になる可能性もあるわけです。

何でも「差異」という基準でものを判断すると、ネガティブな反応を生むケースがあります。少しでも抜け駆けするようなヤツがいたら撃ち落とす、みたいな危険な衝動を搔き立てられます。自分よりも幸せそうな人を見ると、その分、自分が割を食って不幸になっていると思う。周りの人が潜在的な敵のように見えてきてしまうわけです。そんな思考を繰り返しているうちに、その人は孤独に陥ってしまいます。用心しないと、いつ足元をすくわれるかわからないと警戒していると、その人の生命力は衰え、精神的にもトラブルを起しやすくなるのです。

祭りはなぜ生まれたか

人類史という時間軸で見ると、採集狩猟社会が99・5％を占めます。その長い年月のあいだに、われわれ人間が、何を喜びとするか、何をすれば楽しいか、あるいは豊かな気持ちになれるか、というプログラムができあがり、人間の中にインストールされました。

ところが、農耕社会に入ってから、急にそのプログラムに反する状況ができあがってしまったわけです。そうなると、精神的にきつくなってきます。

そこで生まれたのが、祭りです。

たとえば、収穫が終わった後の収穫祭。いままで我慢していたものを一気に解き放つのです。あすの畑仕事のためにはお酒を控えておこうと思ったり、質素な食べ物で我慢したりしてきたけれど、祭りの日はご馳走が振る舞われる。

また、集落のみんなが集まって、酒を酌み交わし、神輿を担ぐことによって、ギスギスしがちだった人間関係が一体感を取り戻すことにもなるわけです。

祭りには一体感を覚えさせる要素が含まれています。

ぼくは講義で、インドネシアのバリ島の「ケチャ」を学生に実演してもらい、それを体感してもらっています。ケチャというのは、細かくリズムを刻みながらおこなう呪術的な舞踏です。

四部合唱なので、四つのグループに分かれ、それぞれのリズムで歌い、踊ります。チャッチャッチャッチャッチャッチャッチャッ……と、単純なリズムを刻むパートと、リズムが若干ズレたり少し複雑なパートがあと三つあります。それをみんなで合唱してケチャをやるわけです。

音楽の授業などで合唱をやるとき、自分とは違うメロディに影響されてしまった経験を持つ人は少なくないでしょう。ケチャも同じです。だから、最初にやることは自分のリズムを自分のからだの中に叩き込むことです。

人数はそのときによって違うので一定ではありませんが、総勢100人ぐらいでやる場合もあれば40人ぐらいでおこなうときもあります。みんな汗だくになって練習をやります。そうして自分のパートのリズムがからだに定着した段階で、他のパートと合唱します。

最初はやはり他のパートのリズムが聞こえてくるので、リズムも影響されて狂ってしまったりします。でも繰り返し練習しているうちに、まったく気にならなくなってしまう瞬間があります。リズムも狂わなくなる。

最初はパート1、パート2……と、四つのパートのグループをグループごとに同じ場所に集めてやってもらいます。そうすれば、他のリズムに影響されにくいからです。

そこからみんなが自信をつけてきた頃合を見計らって、適当にグループをバラします。パート1の人の隣にパート2や3、4の人がいたりする状況です。

そして照明を落として、真っ暗にします。

さあ、どうなるか。ここからが面白いのです。見えないのだけれども、部屋のどのあたりに、自分と同じリズムを刻んでいる人がいるということが分かってくるのです。

しかも、他のリズムを刻んでいる人のリズムが自分のからだの中に入ってきて、融合される。それがすごく気持ちいい。一種のトランス状態とも言えます。

ケチャに取り組む前は、ケチャとは自分とは違うリズムを完全に遮断して、自分の世界に閉じこもるものだといった先入観を抱く人は多いのです。しかし実際にやってみると、自分のリズムと他のリズムがからだの中で融合していく感覚が実に心地いい。

独特のカタルシス

このワークショップは、もう20年ほどやっていますが、反応も面白い。ほんとうかどうかわかりませんが、1人だけ「とうとう神を見た」という人がいましたが、概して「ストレス解消になった」「生き生きとした」という感想が多い。もう一つ発見だったのは、祭りの映像の見方が変わったという人が何人もいました。ケチャをやる前は、変な人が熱狂しているなという程度にしか思っていなかったのですが、自分がケチャをやってからは、この人たちはこの祭りを通して、すごく気持ちのいいことをやっているのだということが感覚として理解できるようになったというのです。

神輿を担いでいるときも、独特のリズムを掛け合いながら、進んでいきます。あの中にも独特のカタルシスがあるのではないか。それを年に一回でも味わうことで、頑張ろうという気になるのかもしれません。そしてそこには「目的への疎外」はありません。

生きている「今・ここ」が楽しいという強烈な実感をもたらすのです。

社会構造的、あるいは人類史的に考えたとき、採集狩猟社会から農耕社会へ移行したとき、人間への負荷はかなり増えたわけですが、農耕社会から産業社会に移行したときにも、人間はかなりハードな負担を感じたように思います。

本来ならば、お祭りやケチャのような催しは、以前にも増して分厚くしていかなければいけないはずです。人間は、仲間と一緒に生きているんだという部分がプログラムに組み込まれているわけですから。しかし現実には、そうした部分は切り落とされたままです。苦悩を抱えて追い詰められてしまう人も増えるでしょうし、死ぬしかないというふうに絶望してしまう人もいるでしょう。

私たちはもう一度、採集狩猟時代に人間にインストールされたプログラムに立ち返って考えるべきときなのです。

本来、人間というのはとってもフラジャイルな存在であること、傷つきやすいものだということを再確認してほしい。だから癒したり、ケアしたりする手段は必ず持っておかなければならないのです。

こうした手段は、必要度という意味でいえば、一昔前の学校での「読み書きそろばん」ぐらい重要なもので、いわば「必修科目」なのです。日常生活でいえば、お金の計算と同じぐらい大切なことです。つまり、エクストラ（特別）なものではなくてエッセンシャル（必須）なものなのです。

収穫祭（祭り）といったものは、かつては、共同体の行事のように組み込まれた状態だったので、一種の暗黙知のように存在していました。だからあまり地域の人びともその大切さに気付かなかったのです。もちろん学校でも教えない。しかしそれがなくなってからわれわれは気付くのです。あれは暗黙知としてあった、大切なもの、必要不可欠なものだったのだと。

悪魔祓い的なことを日本でやるとしたら……

悪魔祓い的なものを、何か他の方法でやれないでしょうか？

これは勝手な妄想ですが、ブラックな上司がいて、複数の部下のクオリティ・オブ・ライフを著しく下げている人がいるとします。その人に鬼のお面をかぶってもらって、豆を蒔くというのはどうかと思ったりします。

スリランカの悪魔祓いがそうであるように、誰かを追放したり糾弾したりはしない。鬼である上司にも一言エクスキューズするチャンスを与えます。たとえば、「私も社内で生きていかなきゃいけないから、板挟みになって大変だったのです」などと。でも、現実にはヒドいことをやってきたわけだから、みんながその上司に向かって豆をぶつけてスカッとする。そうして、怒りを笑いに変えることができれば最高です。もちろん、そうしたソフトトランディングを成功させるには、こじらせる前にやる必要があります。早期発見早期治療が原則です。

そうすると、こころの病気などで、マンパワーにネガティブな影響がでる前に解決できるので、会社としても助かるはずなのです。

甘い、現実離れしているという批判は覚悟の上ですが、深い傷を負わないうちに対処できたらなと思います。かなり開けた職場でなければ難しいでしょうが、職場の悪魔祓い、誰かやってほしいものです。

上司への豆蒔きが無理ならば、最近減っていると言われる飲み会を、有効に継続していくのはどうでしょう。飲み会は、ハラスメントとか説教になっちゃうと逆効果ですが、孤独になって、精神的にマイナスのスパイラルに入りそうな人の話にみんなが耳を傾けて、悪化を回避できることもあります。

それ以外となると、祭りへの参加です。もし住んでいる地域で祭りがあれば、それに準備段階から関わってみるのは面白いことです。もしそうした祭りが身近にない場合でも、日本各地で開かれていますから、つてをたどって神輿を担がせてもらうことはできると思います。

前記のお遍路も、休みさえとれれば、できるでしょう。

あとはボランティア。大きな災害が起きたときなどに、休みの日に被災地に行って手伝ってみる。会社員ならば、2週間ほど有給休暇をとって復旧のために力を尽してみるのはどうでしょう。被災された方の役に立つのはもちろんですが、人から感謝され、自分の存在価値を見いだすのは意味のあることだと思うのです。

かつて「困ったときはお互いさま」という言葉が当たり前のように使われていました。この言葉の裏には、いまは人の世話にならなくてすんでいるけれども、世の中は諸行無常、何が起きてもおかしくない。困ったことに巻き込まれることがあるから、自分ができる範囲のことはやろう、ということです。

困ったときはお互い様という意識をもう一度復活させることで、「私は社会とつながっている」という感覚を取り戻すのは大切なことだと思います。

そういう意味では、町内会の活動に参加してみるのもいいかもしれません。「振り込め詐欺に気をつけましょう」と書かれたビラ配りをしたり、「火の用心」で拍子木を叩いたり、地域の清掃作業をしたり……。人の役に立つ実感もさることながら、地域の人々と集まって話をすることも大切な要素です。仕事が忙しいときは面倒だなと思うときもあるかもしれませんが、何気ない日常会話の中ではぐくまれる人間関係は、「経済活動で成果を上げる人間こそ、価値がある」という狭い価値観から距離を置くことができます。

同じ理由で、自分の子どもが通っている学校のPTA（PTO）組織の活動に関わることもいいでしょう。一番最初の保護者会に行くと、委員にさせられてしまうのがイヤで、教室で下ばかり見ていたり、欠席する人もいるようです。そこを、「できるときに、できる人が、できることをやる」というふうにしたのがＰＴＯで、それが最近けっこう盛り上がっているという話を聞いたことがあります。こういう一見面倒そうなものにも積極的に関わってみるのも、何か発見があるかもしれません。

そんなわれわれができる様々な具体的提案は『人生の〈逃げ場〉――会社だけの生活に行き詰まっている人へ』（朝日新書）に書きましたので、ぜひ活かしていただきたいと思います。

「人生の複線化」

あとは「ファミリービジネス」です。

初めて目にする言葉だという人も多いかもしれませんが、これはぼくが留学していたスリランカで聞いた言葉です。

ぼくはあるとき、ビザの更新手続きのため、大学町から官庁街までバスで3時間揺られて行ったのです。ところが窓口に行ったら、そのビザの判を押す担当者が休んでいるというわけです。

ぼくは、そんなのあり得ないと怒って、

「俺は3時間もかけて来たんですよ、はるばるキャンディという町から。どうしてくれるんですか。ところでその担当者、なんで休んでいるんですか?」

その答えに驚きました。

「彼はファミリービジネスなんだよ、きょうは。なんか子どもが熱を出したみたいでさ」

「はぁ?」

子どもが熱を出したぐらいで休むなよ、というのが、一般的な日本人の感覚です。日本のお父さんは、出世に差しつかえるから、子どもが熱を出したぐらいでは仕事を休んだりしません。

しかしスリランカでは、子どもが熱をだして心配な場合は休んでもいいというのが常識のようでした。それをファミリービジネスと言って、誰もとがめないのです。

でもよく考えると、こういう男性は、ある意味強い。たとえば、スリランカのお父さん、日本のお父さんの両方がある日突然、リストラされたとき、どちらが強いでしょう。

まずスリランカのお父さん。子どもたちにとっては、病気で苦しんでいたときに、会社を休んで看病してくれたお父さんです。そのお父さんとしての価値は不滅なわけです。そんな優しいお父さんがリストラされて苦しんでいる、となった場合、子どもたちはこういうときこそ、お父さんの力にならなければと、優しい言葉をかけたり、励ましたりするのです。

片や日本のお父さん。たしかに会社にいるときには肩書きとしてはそれなりに昇進を果たし、隣近所にも評判がよかったし、給料も稼いでくれていた。でも自分が体調悪いときでも会社を休まず、いつもより早く帰宅してくれるのかと思いきや、夜遅くまで飲んで帰ってきたし、ゴルフに行ったときもあった。家庭の中でもお父さんの価値は会社での地位にリンクしています。そうなると、父親としての評価は低い。リストラされて地位を失った父親は家庭内での地位も低下します。そして子どもも優しくはしてくれない可能性が高いわけです。

祭り、ボランティア、ＰＴＡ、ファミリービジネス……に共通しているのは、「人生の複線化」です。つまり、会社など職場の価値観で評価されるのではなく、自分が生きる意味や価値を構成できる場所や人間関係を持てるようにしようという話です。ほんとうに自分がここで生きている心地がする、そういう場を一つでいいからもてば、世界が変わって見えると思うのです。そういう意味では、スポーツや登山など、会社以外の人間関係を結べる場所でもいいのかもしれません。

第五章

仏教の神髄

――鈴木大拙の言葉から

本書の冒頭に書いたように、複線的な生き方をしていた日本人が持っていたものとは、大らかな宗教性でした。

前記したように、スポーツなどでも人生の複線化を図れる人もいるでしょう。しかし、いろいろとやってみたけれども、うまくいかない場合には、やはり宗教を試してみる価値は十分あると思います。

前半で、日本人は無宗教と言いながら、初詣はするし、合格祈願はするというのは、こころの底では宗教を信じているからではないのか、ということを書きました。ただ不思議なのは、そこからもう少し進めば、もっと宗教の奥深い部分に触れることができるのにそこには行こうとしないことです。惜しい、というのがぼくの印象です。

前記したように、ジャヤワルダナが、戦後すぐの日本人のこころの中に仏陀が生きているというふうに感動させたのが、鈴木大拙です。仏教の神髄を、鈴木大拙の残した言葉を通して紹介できたらと考えています。大拙の言葉は非常に難解な部分もありますが、可能な限りわかりやすく紹介していくつもりです。

「悟り」を体験する

仏教の中核には「悟り」というものがある――という立場に大拙は立っています。それを聞いて、若い人ならば、いや若い人でなくても、「そんなのできっこないですよ。無理ですよ」という人が少なくないでしょう。だいたい、「悟る」なんてことは、厳しい修行を積んだ僧侶にしかできないように思ってしまいます。

大拙は、『禅』（ちくま文庫）の中にこう書いています。

仏陀の教説は、かれの「悟り」を基礎とする。そしてその目的は、われわれひとりひとりを、この「悟り」に到らしめることにある。……結局は、人は喉が渇いた時には、みずからの手でコップを傾けなければならない。天国、もしくは地獄では、誰も自分の代理をつとめてくれる者はないではないか。「悟り」は、めいめいが自分で体験しなければならない。

大拙の言いたいのは、自分の意思で、「悟り」に到ろうとする主体性が大事だということです。

たとえば成田山新勝寺でご祈禱いただき、御本尊である不動明王のお力をいただくというのは、初心者としてはよいと思います。しかし、究極的にはわれわれも不動明王を目指すのです。つまり不動明王から御利益をいただいているだけでは、まだまだなのです。

ポジティブな競争心

ぼくがダライ・ラマ14世と対談させていただいたとき、ダライ・ラマはこんな話をされていました（『ダライ・ラマとの対話』講談社文庫）。

競争に関する話なのですが、そのとき彼は、「良い競争と悪い競争がある」と言いました。

良い競争とは、互いの力を高めるような競い方。ほかの人の持っているすぐれた性質を見て、切磋琢磨する中でその力を身につけよう、というような意味で持つ競争心、それはポジティブな競争心だと言いました。

それに対して悪い競争とは、単に勝者と敗者を分けるための手段になっている場合だと言います。ぼくが「勝者が敗者の分を根こそぎ取ってしまう、弱肉強食の世界になるのが良くないのではないか」と聞くと、同意してくれました。

そのあと、ダライ・ラマがさらに付け加えた言葉に、ぼくはすごく驚きました。

「仏教では、……ブッダや僧伽（出家者集団）を模範として、自分も何とか努力して彼らのようなすばらしい境地に至りたい、と望むことによって、その目標に向かって努力する、という意味における競争心というのはすばらしいものなのです。これは、自分自身を高めていくために必要とされるポジティブな意味の競争心です」

ブッダという、とてつもないライバルと競争して、互いに高めあうのが仏教だというのです。その主体性は学びたいものです。不動明王にお願いして、お金が増えるのはいいですが、もらうことに慣れてしまってはいけない。自分もブッダを目標にせよ、というわけです。

知恵は慈悲によって力をもつ

では、菩薩を目指し、ブッダと競争するためには、何をすればいいのか。それについて、端的に指針を示しているのが、次の話です。大拙は『禅と日本文化』(岩波新書)に次のように書いています。

この仏教の真髄を成すものはなんであるか。これは般若(智慧)と大悲(カルーナ)である。般若は「超越的智慧」(トランセンデンタル・ウイズドム)、大悲は「愛」(ラヴ)または「憐情」(コンパッション)と訳すことができよう。般若によって、人は事物の現象的表現を超えてその実在を見得することができる。それゆえ、般若をえれば、われわれは生と世界との根本的の意義を洞徹しえて、たんなる個人的な利益や苦痛に思いわずらうことがなくなる。大悲がそのとき自在に作用する。それは「愛」がその利己的な妨げを受けずに、万物におよぶことができるという意味である。仏教では、愛は無生物にまでおよぶ。いっさいの存在は現在の生存状態のままで、いかなる形態をとろうとも、愛が彼らに滲透するときは、結局、成仏する定めになっていると信じられている。

仏教の中心とは、般若と大悲、つまり知恵（学問）と慈悲だというわけです。その両方がなければならないと大拙は言います。

成田山新勝寺の例で言えば、御護摩の祈禱を通して、不動明王からもらったお力を、自分以外の誰かにお裾分けするのが慈悲なのです。大拙の言い方を借りれば、慈悲で人助けするにしても、知恵がなければほんとうに相手が喜ぶ助け方はできないだろうというわけです。しっかりと考える力がなければ、かえって邪魔をしてしまうことになりかねないのです。
知恵と慈悲については、大拙ならずとも多くの人が指摘しているところなのですが、ほんとうの大拙らしさがでているのはここからです。知恵と慈悲は両立というよりも、知恵は慈悲に属するという解釈を示しているのです。二度にわたる世界大戦を振りかえった文章です。引用元は『東洋的な見方』（角川ソフィア文庫）。

今日の世界が、どうしてこのようになったかというに、それは力というものを重んじすぎたからである。第一、第二の世界戦争のもとは力の争いである。自分の力で他を圧しようとするからである。自分さえ勝手ができれば、他はかまわぬと考えるのは昔からあるが、近代では、それが集団になった。自国他国とむやみに区別をつける。近ごろは主義の上に区別をつけ、それを暴力で実行せんとする。

そのあと、次のように続けます。ここが非常に興味深い指摘です。

智の世界の外に悲の世界のあることを、全く忘れてしまった。智と悲と両立しなくてはならぬ、というより、智は悲に属して動かなくてはならぬ。智は悲によってその力をもつのだということに気づかなくてはならぬ。ほんとうの自由はここから生まれて出る。少し考えてみて、今日の世界に悲――大悲があるかどうか、見てほしいものである。お互いに猜疑の雲につつまれていては、明るい光明がみられぬにきまっているではないか。

（一九六〇年四月二日「読売新聞」）

知恵は慈悲によって支えられなければならない、知恵は慈悲によって力をもつ、という部分は秀逸です。

日本は、力に頼って、慈悲を忘れていたのではないかという、根本な部分をガツンと指摘している。実に力強い文章で、決して古びない指摘です。

「愛」への誤解

大拙が重んじる大悲を「愛」というふうに語っていますが、アメリカ人と結婚し、アメリカでの生活が長い彼らしい解釈です。「愛」について述べた部分が、『禅』の最終章「愛と力」にありますので、そこから2カ所引いてみます。

今日、われわれの考え得る、そして、その実現をねがうさまざまの精神的価値のうち、何よりも切望せられるものは〝愛〟である。

生命を創造するのは愛である。愛なくしては、生命はおのれを保持することができない。今日の、憎悪と恐怖の、汚れた、息のつまるような雰囲気は、慈しみと四海同胞の精神の欠如によってもたらされたものと、自分は確信する。その息苦しさは、人間社会というものが複雑遠大この上ない相互依存の網の目である、という事実の無自覚から起きていることは、言をまたない。

諸法無我、色即是空空即是色――つまり、すべてのものは相互連関の中にあるという、縁起の考え方が、個人主義には欠けていることを指摘しています。

さらに同じ章で、大拙はこう綴っています。

この一切の相依相関を説く哲学が正しく理解される時に、〝愛〟が目覚める。なぜならば、愛とは他を認めることであり、生活のあらゆる面において他に思いを致すことだからである。

すべてのものは相互連関して、助け合って生きているという仏教的な見方が分かれば、おのずから愛はわきあがってくるのである、ということを説いています。

一般的に「愛」というと、愛が失われると苦悩するといった「執着の愛」として捉えられることが多いのですが、大拙のいう「愛」とは、相互連関性の上に立っています。

いまだけでなく、過去に自分を助けてくれた隣人、あるいは人だけではなく無生物にもその愛は及びます。たとえばお米一粒一粒にも、です。

大拙の文章には難解なところはたくさんあるのですが、大局からものごとを解いていくというところに宗教の素晴らしい側面があります。仏教という土台をもった言葉として改めて耳を傾けてみると、相当パワーがある言葉だなと感じます。こういう言葉こそが国境や文化も越えて伝わっていくのです。

それは鈴木大拙がアメリカで長らく暮らしていたことと無関係ではないでしょう。他の民族や他の文化を持った人たちにも仏教の教えを伝えるために、かなり苦労もしたし、その都度工夫をしたのだと思います。だからこそ、大拙の言葉は違う文化を持った人にもドスンと届くし、日本人のわれわれにも強く響くのです。

大拙が繰り出す言葉をあらためて読んでみると、いま流布される言説がずいぶんセコくなっているなという気がします。

いまは言葉の中に何か実利があるというニュアンスを込めないと、人が動かないというようなところがあります。

処世術ではなく、「処生術」を生きる

「処世術」という言葉があります。いかに世の中をうまく泳いで、出世していくかという術というふうに理解されるのが一般的です。そうではなく、「生」つまり「命」をどう処するかという「処生術」を、いまこそ考えるときではないでしょうか。

そうしなければ、生き方がどんどん貧しくなり、ＡＩに簡単に負けてしまうのではないかとさえ感じます。

「生」をどういうふうに使うかを考えていくと、宗教的な世界とつながってきます。高度経済成長の頃は、命をどう使うかについてあまり考えなくても、処世術を考えていれば、ある程度の成功を手に入れることができたわけです。

不況がきてからというもの、企業もあの手この手を尽して対処しますがうまくいかず、粉飾決算をしたり、検査のごまかしをおこなう企業がでてきました。もし処世術ではな

く、命をいかに生きるかという処生術を意識していれば、もっと違った対処ができたかもしれません。

その「処生術」と関連しているのではないかと思うのが次のことです。

自分がペラペラな人間だなと思うときはないでしょうか。いつまでたっても、年相応の深みがでてこない。とくに大拙の言説に触れると、そのことを痛感します。

彼の偉大なところは、仏教という基盤を自分の中に持っているからです。仏教という根を張った人だから、あの強さがある。依拠する対象があるというのは強いのです。

「金が儲かる・儲からない」「人との競争に勝って、自分が利益を独り占めするのだ」といった、目先のことばかりを考えたり、出世のこと、処世術ばかりを念頭においたり、成果主義的な思考に陥ったりしているうちは、深みはでてこないように思います。

『東洋的な見方』に、「荘子の一節」という文章が紹介されています。「機械化と創造性との対立への一つの示唆」というサブタイトルがついているのですが、「荘子」外篇といわれる「天地篇」の寓話を紹介しながら、次のように記しています。

孔子の弟子の子貢が旅行しているとき、一人の農夫が田に働いているのを見つけた。その人は、畠に水をやるのに、掘った井戸へ下りて行って、バケツに水を充たし、それから、それを持ち上げて、畠へ持って行って、野菜に必要な水をやっていた。その都度の能力というものは、並々ならぬのである。子貢は見かねて、そのお百姓さんに語りかけた。

「君、それは容易ならぬ労働だ。はね釣瓶《つるべ》といわれるのを、君はまだ聞いていないか。それを使うと、今の仕事などは立ちどころにできてしまう。それを使いたまえ」

それを聞いたお百姓さんは、「それは、どんなものか」と尋ねた。そこで子貢は、その構造を説明して、よくわかるようにしてやった。お百姓さんいわく、

「それは、わしも知らぬことはない。しかし機械というものを使うと、機心というものが出る。それは力を省いて、功を多くしようという心持ちだ。わしはそれが嫌だ。結果を考えて仕事をするということは、功利主義である。この考えが胸中に浮かぶと、心の純粋性が乱れる。これは道に反する。物に制せられるということは、

わしの好まぬところだ」

この話のポイントは、このお百姓さんの言う「機心」です。はね釣瓶なる機械に頼ることで、人間の自由性や創造性が損なわれるということです。

いまの世の中に当てはめてみると、あまりにかけ離れた理屈で、参考にできないと思うかもしれません。スマホを日常的に持ち歩き、お米を炊くのにも電気釜。あらゆる機械が身の回りにある状況です。まさに機心だらけ。

しかしこの寓話は機械を使うなと言っているわけではないのです。現代的に解釈するならば、「機械を使うあなたが、機心に囚われて、機械に使われているのではないか」と、問うているわけです。「そこに気をつけなさい」と。

結果、あるいは成功（出世）ばかりにこころを奪われないで、いま目の前にある仕事に誠実に取り組み、命をどう燃やすかということに集中すれば成長していけるのではないか。……それが大拙の言葉の根本にあります。

松は松として生きる

生き方の基本についても、大拙は絶妙な事例で話しています。『東洋的な見方』の「自由・空・科学」という章に、次のような文章を書いています。

自由の本質とは何か。これをきわめて卑近な例でいえば、松は竹にならず、竹は松にならずに、各自にその位に住すること、これを松や竹の自由というのである。これを必然性だといい、そうならなくてはならぬのだというのが、普通の人びとおよび科学者などの考え方なのだろうが、これは、物の有限性、あるいはこれをいわゆる客観的などという観点から見て、そういうので、その物自体、すなわちその本性なるものから観ると、その自由性で自主的にそうなるので、何も他から牽制を受けることはないのである。これを天上天下唯我独尊ともいうが、松は松として、竹は竹として、山は山として、河は河として、その拘束のなきところを、自分が主人となって、働くのであるから、これが自由である。必然とか必至とか、そうなければならぬというが、他から見ての話で、その物自体には当てはまらぬのである。

これはあまり気付かないことをズバリ突く、鋭い指摘です。

一般的には、松が竹になれない、竹が松になれないのは不自由ではないかと思うかもしれません。拘束されていると思いがちです。しかし松は松にしかなれないというのは拘束されているのではない。むしろ松が竹になろうという見方こそが、あなた自身が松になっていないのである、というわけです。

松であれば、松になる道を歩み、ひたすら松となっていく。そもそも松と竹を比べて、竹になりたいとかなれないなどと言っているから、あなたは自由から遠いのですよ、と言っているのです。

話をわかりやすくするために、卑近な例をだしますと、例えば大リーグで活躍している大谷翔平さんは素晴らしい生き方をわれわれに示しています。けれどもみんなが大谷翔平になれるわけではない。彼のように他の人がやろうとしても、できないことばかりでしょう。それは他の人は大谷翔平ではないからです。だから私たちは大谷翔平になろうとしてもできないと考えるのではなくて、大谷翔平が自分を育てて大谷翔平になったことから学び、私が私をいかに成長させて私自身になり得るのかを考えるべきなのです。竹が松になることを考えるのではなく、松が松になることを自分が主人公として成し遂げるべきなのです。

多くのビジネス本や自己啓発本を見ると、「こうすると成功する」と声高に書かれています。成功した社長の本とかはまさにそうで、「自分のように行動すれば成功が手に入る」と書かれていることが多い。でもそれを信じ込んで他人のように行動しても成功しないことが多いのです。

あなたの中には、自分で気づいていない潜在的な能力があるはずです。それをまず育ててやることです。それによって、自在に何にでもなれる、ほんとうの松や竹になれる自由を手に入れられるということです。

大事なことは、自分を肯定し、他者を否定しないことです。松が竹になろうとすると、どうしても、松を否定していかなければいけません。しかしそんな必要はない。すくすくと自由に松は松としての道を歩んでいけばいいのです。そうすれば他の人を犠牲にする必要がなくなるし、松は松のことを敬い、竹は竹のことを尊重するようになるのです。

この考えは、大拙が多民族国家アメリカで暮らし、見聞きした経験をもとに、多様な文化の中で揉まれた結果、絞り出された言葉ではないかと思います。

大拙がアメリカで暮らした時代は、アメリカでは黒人差別が根強くあって、黒人は白人のように自由に職業に就けない制約がありました。政治運動や公民権運動を知った上で、もう一度仏教的な自由について考えてみたのかもしれません。

ぼくは、ノートルダム清心学園理事長の渡辺和子さんが遺した「置かれた場所で咲きなさい」という言葉が好きです。置かれた場所で頑張りなさいというと、ブラック企業でも我慢して働けというように誤解されてしまいますが、「咲きなさい」というところが肝心なのです。

たとえどんな場所に置かれても、そこで自分らしさを発揮して花を咲かせるという意味です。その花はその人にしか咲かせることはできない。だからその人は、替えはいくらでもいるよと言われるような、交換可能な存在ではなくなるのです。

自分にしか咲かせられない花とは

では、どんな花を咲かせるのか。

ぼくが提案するのは、一点豪華主義。そう書くと、ネガティブなイメージを感じるかも知れないけれど、何でもできるよというよりも、「これはできるというもの」を突き詰めて考えた方がいいのではないかということです。

他の人から、こうすれば評価されるとか、すごいと思われるとか、そういう他者視点ではなく、とにかく自分が自信をもってできる一点にこだわるのです。

ただ気になるのは、日本の若者の自己肯定感の低さです。欧米や中国、韓国のそれにくらべて、自己肯定感が低いというデータがあるのです。

2010年に各国の高校生1000人に聞いたアンケート結果です。「自分は優秀だと思う」に対して、どう答えたかの各国比較です。「全くそう思う」「まあそうだ」と答えた高校生は、アメリカがもっとも多く88％、中国が67％、韓国が47％に対し、日本はなんと15％と断トツに低い。

「私は価値のある人間だと思う」と肯定的に答える割合も、アメリカが89％、中国88％、韓国75％なのに対し、日本は前記三国の半分以下の、36％。

もちろん日本は謙譲の美徳があるから低いのだとぼくも言いたくなりますが、それにしても低すぎないでしょうか。そこで気づかされるのは、アメリカや中国がなぜ高いのかというと、相対的な評価ではどうかはわからないけれど、いいと思ったことはとにかく褒めるからなのです。たとえば、「学芸会で、ものすごくいい詩を読んだね。ほんと感激したよ」とか「おまえ、ギターがうまいな。俺みたいな音痴から、こんな音楽の天才が生まれたというのは、奇跡だ！」とか。

なにか優秀だと評価されたら、自分は優秀だと思っているのです。他の分野で負けていたとしても、何か得意な分野があればいいという考え方です。

でも、日本の場合、「おまえ、ギターは弾けているかもしれないけど、全然、数学できないじゃないか。○○くんを見てみろ」などというから、自信をなくすのです。

こうした日本人的な思考の延長線上にあるのが、ぼくがこれまでの著作で再三警鐘を鳴らしてきた、〝センター入試方式〟です。すべての分野でいい点をとって、それを積算すれば、いい大学に合格するという方式。

こういう考え方に慣らされているからなのか、どんな人生ならば満足を得られるかということを聞くと、すべてが最高な条件を思い浮かべるのです。

『生きる意味』（岩波新書）でも書いたこんなイメージです。

　40代半ばですが、多くの部下を持つ社長で、人がうらやむぐらいの年収を得ている。豪邸に帰れば、美人の妻と、お嬢様学校に通うかわいい子どもたちに囲まれ、ときどき若さに溢れた愛人との密会も楽しみ、週末はハーバーに浮かぶヨットを楽しむ、そして年に何回も海外旅行を楽しむ。誰からも40代とは見えないほど若いと言われ、老後の心配もなく、充実した毎日を送っている……。

そういう人がもし現実にいたとしたら、「化け物！」と言ってしまいそうですが、人はなぜか、思い通りの人生といったら、そうしたイメージを抱いてしまうのです。しかしこれは、すべての科目で満点をとれば最高だろうという発想に似て、もの悲しいものです。

すべての科目で満点をとるという発想こそが、生きる意味を遠ざけてしまいます。「すべての分野」とか「他者の評価」は抜きにして、「どの分野で自分は大きな満足を感じるのか」を軸にして考えるべきなのです。全部百点満点を取らなければという強迫観念から解放された方がいい。松は松になること、それが人間の自由なのです。

むしろ面白い人というのは、何かを捨てています。これだけは絶対に外せないというものを大事にしている。たとえばお金儲けをするために人の何倍も努力するけれども、「こういう卑怯な稼ぎ方だけは絶対にやらない」という矜持《きょうじ》を持っている人はカッコいいし、面白い。捨てて、あるものを残したことによって、その人の厚みができてくるのです。

そういう人は、他者の評価をあまり気にしていません。あくまでも自分の満足度を大切にしているのです。

海を越えた花咲じいさん

思い出すのは、スリランカで出会った日本人のおじいさん。悪魔祓いのフィールドワークをしていた20代の頃の話です。町の定食屋で食事をしていたら、明らかに観光客ではない日本人のおじいさんがいるので、何気なく「スリランカで何をされているんですか？」と話しかけてみました。

「いやね」と言って語り始めた話がじつに面白かった。

「スリランカで植林してるんだよ」

というわけです。

スリランカに来るまでの経過は、よくある定年後のサラリーマンとさほど変わらない話でした。60歳で定年退職したあとは、妻と悠々自適の生活だと、勝手に思っていました。

当然ですが、毎日家にいるわけです。しばらくして、妻がイヤ〜な雰囲気になってきたというのです。「あなた、きょうも家にいるの？」と。

夫が家にいたらご飯をつくらなければいけない。「私、お友だちと歌舞伎を見にいったり、ランチを一緒にしたい。なのにあなたが家にいるから出ていけない」みたいなことを言われてしまうわけです。

おじいさんは、そのとき思いました。

「そうか、俺が家にいることは、妻を幸せにしていないのか」

そこからは、その辺のおじいさんとはちょっと違う。シルバーボランティアでもやってみようかと思って説明を聞きに行きました。そうすると、スリランカの植林の仕事があった。おじいさんは園芸の趣味があったので、興味をもったようでした。

スリランカは木を伐採してしまっているので、山に植林をしてほしいといわれたのです。そしてめでたくボランティアとしてスリランカに赴任し、村に行って木を植えていたら、若者が集まってきて、「何やっているんだ？」と聞かれたそうなのです。「植林しているんだ」と言ったら、「うちの村の山が森に変わるのか！」と言って、「みんなでやろう」ということになったようなのです。

みんなで山に植林して、終わったとき、大パーティになったそうです。そうして喜びを分かち合った。しかしそれで終わりではなかった。

「じいちゃん、今度はいつ来るの？」「まだ植林するところはたくさんあるよ」と尋ねられます。

でも、その植林は1年なんかで終わらない規模のものだったそうです。そこでおじいさんは日本に一度帰って、植林作業の風景を撮影したスライドを整理して、自分が卒業した高校の同窓会や町内会で上映ショーをしました。そのたびに募金をつのり、地道に資金を集めたのです。

その資金で再びスリランカに行き、また植林する。現地の人たちにも慕われていて、「じいちゃん、また来た！」と歓迎してくれて、一段落すると、「で、じいちゃん、次はいつ来くるの？」と。それが何年も続き、毎年スリランカに来るようになったというのです。どうりでスリランカカレーの食べ方も堂に入っていました。

「こんな歳になっても夢があるんだ」

おじいさんの言葉はカッコよかったです。

「君は若いけど、将来の夢はあるかい？　ぼくはこんな歳になっても夢があるんだ」

「自分のからだが動くのは、あと10年ぐらいかもしれない。でもね、あそこの山のあの地点までは、植林をするんだと思うと、ワクワクするんだよ」

聞いているぼくも楽しくなる話でした。

この話のいいところは、このおじいさんがお金のためにも地位のためにもやっていないということ。そして現地の人たちにも夢を与え、みんなに希望を与えていて、もう無条件に好かれているところです。

さらに、カンパを呼びかけて支援してくれた日本人のイメージの中に、地肌が剝き出しになった山が青々としていく喜びを与えていくところです。カンパした人に金銭的には助けられているけれど、その人達の心の中にも希望と喜びを与えている。高齢者になると、自分が生きていて、何かの役に立っているのはあまり実感できないかもしれません。しかしそのおじいさんにカンパすることで、山に木が育ち、それがスリランカの人たちにも希望を与えているのだと実感することができるのです。

最初は奥さんに煙たがられたけれども、そこから俺にもできることがあるんだと行動した。それは奥様にも感謝すべきかもしれない。家でお荷物だったものが、海を越えて花咲じいさんになったようなものです。

ビジネスマンでバリバリ仕事がデキる人の話もすごいと思うけれど、こういう魅力のある人の話は、とってもエンパワーされます。20代のぼくも実に大きな勇気をいただきました。70になっても80になってもワクワクすることがあるんだ！　それは若者に対してもむちゃくちゃ未来を開いてくれる話だったのです。

これから何をするかを考えあぐねている人に、ぜひこの話をプレゼントしたいと思います。

良き種を蒔けば、良きことが起こる

最後に、ダライ・ラマの話も紹介したいと思います。

アメリカでのダライ・ラマの講演があったときの話です。ダライ・ラマはもっとも有名で尊敬されている東洋人だと思います。その日も数千人も入る体育館が満員でした。ダライ・ラマはユーモアたっぷりに深遠な内容を語られ、笑いあり、じーんとするところありの素晴らしい講演でした。ところが講演後の質疑応答の時間で、ある若者が、ものすごい質問をしてしまいました。

「ダライ・ラマさん、なんであなたはそんなハッピーそうで、そんなエネルギッシュなんですか。だって、あなたは50年前に、あなたが王さまであった国が、中国に植民地にされ、そしてそこに50年間、帰れない人ですよね。追放された王さまじゃないですか。人権団体がカウントしたところによれば、50年間で120万人のチベット人が、中国によって殺されているというデータもある。となれば、あなたは、この会場の中でもっとも不幸な人であるはずです。それなのに、なんでそんなに幸せそうで、そんなにエネルギーが湧き出てくるんですか？」

さすがのアメリカ人の聴衆も、それ、聞いちゃいけないだろうと思ったのか、会場がシーンとなりました。

ところが、ダライ・ラマの答えは素晴らしかった。「いい質問をしてくれて、どうもありがとう」と言って、語り始めたのです。

私がきょう話した「縁起の法」というのは、すべてのことは関連しているということです。

かつてのチベットは、ほんとにいい国でした。ほんとに平和で、ほんとに思いやりのある国でした。

しかしながら、政治家はチベットだけが良ければいいと思っていたし、仏教のお坊さんは自分たちの檀家さん、つまりチベット人だけが幸せになればいいと考えていました。

世界のことはあんまり見ていなかったのです。そこに中国が攻めてきて、攻め滅ぼされ、植民地になりそうになった。みんな、助けてくれと言ったけど、あまり助けてくれなかった。そして残念ながら、私たちは国を追われてしまいました。

一番悪いのは武力で制圧した中国ですが、でも、私たちの側に原因がなかったとも言えないのです。

さて、縁起の法というのは、どういうことでしょうか。それは悪い種を蒔くと、悪いことが起こってしまう。だけど、反転して考えてみれば、良き種を蒔けば、良きことが起こるということです。

今、あなたは、ものすごい勇気を持って、私に質問をしました。それ自体、あなたはものすごく良き種を蒔いたのです。私もあなたに会えて、すごく嬉しい。お互いにこの場において、ものすごく良き種を蒔けたし、皆さんと出会えているのは、こんなに嬉しい。そのことに関しては、どんな絶望的な状況であっても、とても私は嬉しいのです。

もちろんだからといって、チベットが私の目の黒いうちに解放されるかどうかは分かりません。でも少なくとも今、私たちが良き種をお互いに蒔いたということは、１００％

私は嬉しいから、こうやって笑っていられるんですよ。

苦しみが、喜びになる

ダライ・ラマはそう言って、「アハハハハハ」と笑ったのです。ぼくはそれを聞いて、泣きそうになりました。

日本でもこういうことを言ってくれる人がいてくれたら、とどれぐらい思ったことか！　受験に失敗したら、おまえ、もうダメな人間だとか、ちょっと業績が上がらなかったらもうお前の居場所はないぞと脅されるのでもなく、「失敗しても良き種を蒔き続けていきましょう。そうすれば必ずいいことがあるでしょう」

と言ってくれたら、そのあとの人生がどんなに変わっていくことでしょうか。

だから、ここであらためて書きます。

一度失敗していても、あるいは足踏みをしていても、とにかく良き種を蒔き続けていくことです。もっといい世の中にしたい、もっと暴力がない世の中にしていこうなど、もちろん一朝一夕では実現しないかもしれない。でも若い人たちにはこれから長い年月があります。来年再来年実現しなくたっていい。十年後二十年後でもいいのです。そして老年期にさしかかった人たちは、自分の蒔いた種が花を咲かせるところまでは見られないかもしれない。でもスリランカの植林のおじいさんのように、自分が亡くなってもそこで樹が育ち森になっていくだろうと思うだけで充分ではないでしょうか。

そして人生を立て直すときは、明るい表情でいたい。ダライ・ラマのように、慈悲からの怒りを胸に秘めながらも、良き種を蒔いたことを心から喜び、思いっきり笑いながら前に進んでいきたいものです。その中で、私たちはいろいろな縁起をつくり出していきます。

苦しむこともご縁に変えていくことができる。そしてその支えを実感すればするほど、私たちは自由になっていくことができる。人生を喜ぶことができる。竹は竹になり、松は松になる。人生を立て直すこと、それは様々なご縁に支えられつつ、そして人を、世界を支えつつ、自分がより正直に自分自身になっていく道でもあるのです。

おわりに

弱い立場に立たされた人の存在に気付くこと

人間というのは弱いもの、フラジャイルなものである、ということを、あらためて強調したいと思います。

だからこそ、その弱さをケアしたり、癒したりする場所や仕組みを確保することが必要なのです。しかし実態は、右肩上がりの上昇気流に乗っている、（いまはたまたま）強い立場にいられる人間が中心の社会で、「メインの流れに乗っていけない末端の人たちは弱い」という捉え方がまだまだ主流です。弱い人間は強くなろうと努力していない奴らなんだから、どっか無人島に送っちゃえよ、みたいな風潮さえあります。

ぼくは、人間には弱いところがあるんだからそれを救うものがあるほうがいい社会に決まっていると思いますが、それを否定する人が必ずいます。

強い立場の人がなぜそういう言い方をするのかを考えたのですが、おそらく自分の中の弱いところを認められていないからだと思うのです。自分にもこんな弱いところがあったけれど、それを克服してこんなに強くなったのだ。なのにあの人たちは克服しないでいる。それは克服する努力が足りないのだ、という論法です。

しかし、世は諸行無常です。

一生、強者でいられる人はまずいません。人生、一寸先は闇、何があるかわからない。会社が傾いて給与がカットされた、リストラされた、病気になって長期入院を余儀なくされた、あるいは夫や妻が急逝して、幼い子どもが残された、もしくは親が介護状態になった……というふうに周辺状況が変われば、強気一辺倒ではいられなくなります。それでも強気で進んでいく人もいるのでしょうが、努力が空回りすることだってあります。

だから言いたい。

「人間の弱い部分に着目して欲しい」と。

それは自分が弱くなることではありません。弱い立場に立たされた人の存在に気付くことです。誰だって強いときも弱いときもあります。だから強い立場の時は弱い立場の人を助ける。自分が弱くなってしまったら、強い人の助けを借りればいい。弱いものどうしでも助け合えばいい。そんな当たり前のことが当たり前にできる社会が、ほんとうに愛に満ちた豊かな社会なのだと思います。

いまの世の中では、弱い立場の側に立ってものを言ったり、憤りをもって行動をしたりするのは逆風を受けるので、相当強い気持ちを持たなければいけません。しかしその強い気持ちを持つというのは、人間の強さと優しさの現われなのです。仏教で言えば慈悲です。不動明王は憤怒の表情をしているけれども、その裏には強い慈悲の気持ちが隠されているのです。

弱さを知っている人の方が、最終的に強いと思います。強さだけしか知らない人、気付いていない人ほど、いざというときに弱い。しっかりとした土台ができていない、しなやかさが足りない印象があります。弱い部分を知っている人ほど慈悲の気持ちも強いでしょう。

最後のささやかな願い

いまも、勝者と敗者を明確に分けることが時代の最先端なのだと疑わない人が、まだまだたくさんいます。しかし、そんな社会は果たしてサステナブルなのでしょうか。

その答えは、すでに紹介しましたが、鈴木大拙が1960年に読売新聞に寄稿した文章に集約されていると思います。二度の世界大戦の教訓は、力の論理を重んじすぎたからだと大拙は分析しました。「智は悲に属して動かなくてはならぬ。智は悲によってその力をもつのだということに気づかなくてはならぬ。ほんとうの自由はここから生まれて出る」。この言葉を深くかみしめたいと思います。

ぼくはキリスト教徒の友人も多く、尊敬するキリスト者の方々もたくさんいますが、本書では、仏教についてかなりのページを割きました。繰り返しになりますが、宗教は絶対にいいものだから、何かを信じなさいというわけではありません。なかには嫌だという人もいるでしょう。でも、この時代に何かの支えを持つことは私たちに自由をさずけ、私たちが幸せに生きていくための必須のものとなっていると思います。

私たちの中には、人間を救う力や立て直す力が内蔵されています。初詣に行く、合格祈願のお守りを買い求める、自分や家族の病気平癒の祈願をする、富士山を見ると手を合わせたくなる、亡くなったおばあちゃんに見守られている気がする……。日頃はあまり意識しないけれど、そうした「宗教性」のベースが私たちのからだには既に備わっているのです。それをもっと積極的に知って活用してほしいと思います。

自分の宗教性を意識したときに、すでにあなたは優しい人になっています。そして自分が救われたら、今度は慈悲のこころで他の人を救おうと思うようになります。

この世の中、やはり優しい人に囲まれていた方が、こころが安らぎます。困ったときに、近くでオロオロしてくれる人がいたほうがこころ強いものです。そんな世の中になってほしいと願いながら、筆を擱《お》きたいと思います。

ラクレとは…la clef=フランス語で「鍵」の意味です。
情報が氾濫するいま、時代を読み解き指針を示す
「知識の鍵」を提供します。

中公新書ラクレ
666

立《た》て直《なお》す力《ちから》

2019年 9 月10日初版
2023年 8 月20日再版

著者……上《うえ》田《だ》紀《のり》行《ゆき》

発行者……安部順一
発行所……中央公論新社
〒100-8152 東京都千代田区大手町 1-7-1
電話……販売 03-5299-1730　編集 03-5299-1870
URL https://www.chuko.co.jp/

本文印刷……三晃印刷
カバー印刷……大熊整美堂
製本……小泉製本

Published by CHUOKORON-SHINSHA, INC.
Printed in Japan　ISBN978-4-12-150666-5　C1236

中公新書ラクレ　好評既刊

L585
孤独のすすめ
――人生後半の生き方

五木寛之 著

「人生後半」を生きる知恵とは、パワフルな生活をめざすのではなく、減速して生きること。「前向きに」の呪縛を捨て、無理な加速をするのではなく、精神活動は高めながらもスピードを制御する。「人生のシフトダウン＝減速」こそが、本来の老後なのです。そして、老いとともに訪れる「孤独」を恐れず、自分だけの貴重な時間をたのしむ知恵を持てるならば、「人生後半」はより豊かに、成熟した日々となります。話題のベストセラー‼

L633
老いと孤独の作法

山折哲雄 著

人口減少社会、高齢社会を迎えたいまこそ、人間の教養として、「一人で生きること」の積極的な意味と価値を見直すべきときではないか。歴史を振り返れば、この国には老いと孤独を楽しむ豊かな教養の伝統が脈打っていることに気づくだろう。西行、鴨長明、芭蕉、良寛、山頭火……。宗教学者として、日本人のさまざまな生と死に思いをめぐらせてきた著者が、みずからの経験を交えながら、第二の人生をどう充実させるかを考える。

L634
人生の十か条

辻　仁成 著

作家で、ミュージシャンで、一人の父、辻仁成氏。多様な活動を前に生じた想いをツイッターやWEBサイトを通じて発信している。この新書は、その辻氏が配信して反響を呼んでいる「十か条」に、書き溜めたコラムやエッセイを合流、大幅に加筆編集をしたもの。悩んだときや壁にぶつかったとき、あなたはどう考え、そしてどう行動するべきか？　不運、トラブル、人間関係。どんなに辛いことも、この「十か条」があれば、きっと大丈夫。